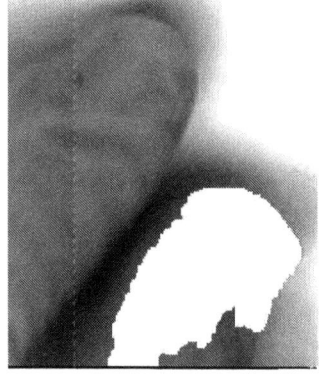

MOLIÈRE.
(JEAN-BAPTISTE POQUELIN.)

LE TARTUFFE,

OU

L'IMPOSTEUR.

PAR MOLIÈRE.

EDITED, WITH ARGUMENTS AND NOTES IN ENGLISH,

BY

F. E. A. GASC,

AUTHOR OF A FRENCH DICTIONARY, ETC.

BOSTON:
D. C. HEATH & CO., PUBLISHERS,
1900

Niel 268.99

Gratis

INTRODUCTION.

This Comedy is remarkable not only as being a *chef-d'œuvre* of French literature, but also on account of the strong current of public opinion which it had to stem at its first appearance.

It was in the reign of Louis XIV., when religion wore an aspect of prudery, when fanaticism and hypocrisy equally prevailed, that the great genius and courage of Molière succeeded in unmasking the vices and passions which were concealed under affected piety and pretended self-mortification.

To ridicule hypocrisy was to invoke the fury of the storm, nor was Molière unconscious of the danger. He did not risk the attack before he had taken his position, protected by the powerful ægis of monarchy. After many obstacles were surmounted, and the first three acts of the Comedy had been already played, in 1664, before the king and royal family, the author at length obtained from his sovereign a verbal permission to represent it at Paris: here 'Tartuffe' made its first appearance on the 5th of August, 1667, under the name of 'L'Imposteur,' and the success of the piece surpassed even the highest expectations of the author.

But such alarm did it spread among the devotees, such a storm did it excite, that it was prohibited, the next day, by an order of Parliament. To reverse this prohibition, a written licence from the king was indispensable; and, by the gracious protection of that enlightened monarch, the second representation took place on the 5th of February, 1669, and was repeated for forty-three nights in succession. Since that period it has ranked among the masterpieces of the French stage, and posterity has placed it at the head of the best productions of genius.

Its excellence consists in the lively interest of the subject, in scenes presenting a happy mixture of the serious and the gay, in the truth and diverting contrast of the characters, and the spirit and vivacity of the dialogue.

PERSONNAGES.

Madame Pernelle, *mère d'Orgon.*
Orgon, *mari d'Elmire.*
Elmire, *femme d'Orgon.*
Damis, *fils d'Orgon.*
Mariane, *fille d'Orgon, et amante de Valère.*
Valère, *amant de Mariane.*
Cléante, *beau-frère d'Orgon.*
Tartuffe, *faux dévot.*
Dorine, *suivante de Mariane.*
Monsieur Loyal, *sergent.*
Un Exempt.
Flipote, *servante de Madame Pernelle.*

La scène est à Paris, dans la maison d'Orgon.

LE TARTUFFE.

COMÉDIE EN CINQ ACTES.
1667.

ACTE PREMIER.
SCÈNE I.

ARGUMENT TO SCENES I. & II.

The opening scene contains the exposition of the piece, and with such a perfection of art is it conceived, that, at the very first, it makes us acquainted with the character of each person, and exhibits, as it were, to our eyes, a full picture of the interior of the house. Madame Pernelle, the mother of Orgon, comments on the conduct of the whole family, in terms which show that she has profited by the lessons of Tartuffe, to whom she is blindly attached. After having defended her *protégé* against the reproaches of the family, she retires, threatening Elmire that she will never again set foot in her house; all the rest accompany her, except Cléante and Dorine, who indulge in a laughable satire upon the hypocrisy of Tartuffe, and the blind credulity of Orgon.

MADAME PERNELLE, ELMIRE, MARIANE, CLÉANTE, DAMIS, DORINE, FLIPOTE.

Madame Pernelle. Allons, Flipote, allons; *que d'eux je me délivre.*[1]

Elmire. Vous marchez *d'un tel pas,*[2] qu'on a peine à vous suivre.[3]

---

[1] that I may get rid of them. [2] at such a rate.
[3] to keep pace with you.

Madame Pernelle. Laissez, ma bru, laissez; ne venez pas plus loin:
Ce sont toutes façons dont je n'ai pas besoin.
Elmire. De ce que l'on vous doit envers vous l'on s'acquitte.¹
Mais, ma mère, d'où vient que *vous sortez si vite?*²
Madame Pernelle. C'est que je ne puis voir tout *ce ménage-ci*,³
Et que de me complaire on ne prend nul souci.
Oui, je sors *de chez vous*⁴ fort mal édifiée:
Dans toutes mes *leçons*⁵ j'y suis contrariée;
On n'y respecte rien, chacun y parle haut,
Et c'est tout justement la cour du roi Pétaud.⁶
Dorine. Si...
Madame Pernelle. Vous êtes, ma mie,⁷ une fille suivante,
Un peu trop forte en gueule,⁸ et fort impertinente;
Vous *vous mêlez*⁹ *sur tout*¹⁰ de dire votre avis.
Damis. Mais...
Madame Pernelle. Vous êtes un sot, en trois lettres,¹¹ mon fils;

¹ we do but our duty towards you.
² you are leaving us in such a hurry.
³ these goings on.
⁴ from your house.
⁵ instructions.
⁶ *La cour du roi Pétaud*. Dover court, all talkers and no hearers. The origin of the French expression is as follows. When every society or body corporate had its president or chief, the beggars imitated their example, and had one also whom they called Pétaud, by corruption of the Latin word *peto*, I ask or beg: as it is to be supposed that this Pétaud, their king, had but little authority over his nation, and his court was, consequently, noisy and tumultuous, every society or house where every one is master has been called *la cour du roi Pétaud*.
⁷ *Ma mie*, contraction for *ma amie* (*mon amie*); *m'amour* is also said in the 'Malade Imaginaire' for *mon amour*, act i. sc. 6. The better way of writing these words is with an apostrophe, *m'amie, m'amour*.
⁸ too ready with your tongue.
⁹ take upon yourself.
¹⁰ about every thing.
¹¹ This bears some resemblance to the Latin expression *trium literarum homo*, a man of three letters, for *fur*, a thief.

C'est moi qui vous le dis, qui suis votre grand'mère;
Et j'ai prédit cent fois à mon fils, votre père,
Que vous preniez tout l'air d'un *méchant garnement*,¹
Et ne lui donneriez jamais que du tourment.
　Mariane. Je crois...
　Madame Pernelle. Mon Dieu! sa sœur, vous *faites*² la discrète,
Et *vous n'y touchez pas*,³ tant vous semblez *doucette!*⁴
Mais il n'est, comme on dit, pire eau que l'eau qui dort;
Et vous menez sous cape,⁵ *un train*⁶ que je hais fort.
　Elmire. Mais, ma mère...
　Madame Pernelle. Ma bru, *qu'il ne vous en déplaise*,⁷
Votre conduite, en tout, est tout à fait mauvaise;
Vous devriez leur mettre un bon exemple aux yeux;⁸
Et leur défunte mère *en usait*⁹ beaucoup mieux.
Vous êtes dépensière; et cet état me blesse,
Que vous alliez vêtue ainsi qu'une princesse.
Quiconque à son mari veut plaire seulement,
Ma bru, n'a pas besoin de tant d'ajustement.
　Cléante. Mais, madame, après tout...
　Madame Pernelle. Pour vous, monsieur son frère,
Je vous estime fort, vous aime, et vous révère;
Mais enfin, si j'étais de mon fils,¹⁰ son époux,
Je vous prierais bien fort de n'entrer point chez nous.
Sans cesse vous prêchez des maximes de vivre
Qui par d'honnêtes gens ne se doivent point suivre.

---

¹ worthless fellow.
² act.
³ you must be innocence itself.
⁴ smooth and fair.
⁵ *Sous cape.* cape, or *chape*, the *bardocucullus* of the Gauls, was formerly a sort of vestment, which covered both the body and the head; *sous cape* signifies *in secret*.
⁶ a style of living.
⁷ with all due respect to you.
⁸ *Aux yeux.* Mettre *aux yeux* is an obsolete expression for *mettre sous les yeux*, which is in use at present.
⁹ behaved.
¹⁰ An elliptical expression for *à la place de mon fils*.

Je vous parle un peu franc; mais c'est là mon humeur,
Et *je ne mâche point*[1] ce que j'ai sur le cœur.
   Damis. Votre Monsieur Tartuffe est bien heureux,
     sans doute...[2]
   Madame Pernelle. C'est un homme de bien, qu'il faut
     que l'on écoute;
Et je ne puis souffrir, sans me mettre en courroux,
De le voir querellé par un fou comme vous.
   Damis. Quoi! je souffrirai, moi, qu'un *cagot de critique*[3]
Vienne usurper céans[4] un pouvoir tyrannique;
Et que nous ne puissions à rien nous divertir,
Si ce beau monsieur-là n'y daigne consentir?
   Dorine. S'il le faut écouter et croire à ses maximes,
On ne peut faire rien *qu'on ne fasse*[5] des crimes;
Car il contrôle tout, ce critique zélé.
   Madame Pernelle. Et tout ce qu'il contrôle est fort bien
     contrôlé.
C'est au chemin du ciel qu'il prétend vous conduire :
Et mon fils à l'aimer vous devrait tous induire.
   Damis. Non, voyez-vous, ma mère, il n'est père, ni rien,
Qui me puisse obliger à lui vouloir du bien :
Je trahirais mon cœur de parler d'autre sorte.
Sur ses façons de faire *à tous coups*[6] je m'emporte :
J'en prévois une suite,[7] et qu'avec ce *pied plat*[8]
Il faudra que *j'en vienne à quelque grand éclat.*[9]

---

[1] I do not mince, *i.e.*, I tell plainly.

[2] *Votre Monsieur Tartuffe, &c.* Damis easily judges who had instilled these notions into the old lady's head, and, after her own example, he cannot help giving expression to what he feels.

[3] censorious bigot.

[4] *Céans*, "here," for *ici dedans*, an expression frequently employed by Molière, but now out of use.

[5] without committing.

[6] in every instance.

[7] I foresee the consequence of it.

[8] wretched fellow.

[9] I must come to an open quarrel. We may here discover the art of Molière in preparing us for what will happen afterwards (act iii.): these few words make known the character of the impetuous Damis, and foreshow that no good consequences will result from it.

SCÈNE I.]   LE TARTUFFE.   5

Dorine. Certes, c'est une chose aussi qui scandalise,
De voir qu'un *inconnu*[1] céans s'impatronise ;
Qu'un gueux, qui, quand il vint, n'avait pas de souliers,
Et dont l'habit entier valait bien six deniers,
En vienne jusque-là[2] *que de se méconnaître,*[3]
De contrarier tout, et de faire le maître.

Madame Pernelle. Hé ! merci de ma vie ! il en irait bien mieux[4]
Si tout se gouvernait pas ses ordres pieux.

Dorine. Il passe pour un saint dans votre fantaisie :
Tout son fait,[5] croyez-moi, n'est rien qu'hypocrisie.

Madame Pernelle. Voyez la langue ![6]

Dorine. A lui, non plus qu'à son Laurent,
Je ne me fierais, moi, que sur un bon garant.

Madame Pernelle. J'ignore ce qu'au fond le serviteur peut être ;
Mais pour homme de bien je garantis le maître.
Vous ne lui voulez mal et ne le rebutez
Qu'*à cause qu'il vous dit à tous vos vérités.*[7]
C'est contre le péché que son cœur se courrouce,
Et l'intérêt du ciel est tout ce qui le pousse.

Dorine. Oui ; mais pourquoi, surtout depuis un certain temps,
Ne saurait il souffrir qu'aucun *hante céans ?*[8]
En quoi blesse le ciel une visite honnête,
Pour en faire un vacarme à nous rompre la tête ?[9]

---

[1] upstart.

[2] *En vienne jusque-là*, for *en vienne au point de*.

[3] should go so far as to forget who he is.

[4] This impersonal is here objectional ; it means the house or things would, &c., for *tout en irait, &c.*, "it would go much better." *Merci de ma vie* is the opposite of *mort de ma vie* ; and to be taken in a happy sense, as *Dieu me sauve !* in the place of *Dieu me damne !*

[5] everything he does : *tout ce qui le concerne, sa conduite, sa fortune,* &c., see 'Amph.' ii. 3 ; 'L'Avare,' i. 4.

[6] hear how she talks.

[7] because he tells all of you the truth about yourselves.

[8] visit here.

[9] The construction is this : *En quoi une visite honnête blesse-t-elle tant le ciel, pour qu'il fasse à ce sujet un vacarme qui nous rompe la tête ?*

Veut-on que *là-dessus*[1] je m'explique entre nous ?...
 (*montrant Elmire.*)
Je crois que de madame il est, ma foi, jaloux.
 Madame Pernelle. Taisez-vous, et songez aux choses
  que vous dites.
Ce n'est pas lui tout seul qui blâme ces visites :
Tout ce tracas qui suit les gens que vous hantez,
Ces carrosses sans cesse à la porte *plantés*,[2]
Et de tant de laquais le bruyant assemblage,
Font un *éclat*[3] fâcheux dans tout le voisinage.
Je veux croire qu'au fond *il ne se passe rien* :[4]
Mais enfin on en parle ; et cela n'est pas bien.
 Cléante. Hé ! voulez-vous, madame, empêcher *qu'on ne
  cause ?*[5]
Ce serait dans la vie une fâcheuse chose,
Si, pour les sots discours où l'on peut être *mis*,[6]
Il fallait renoncer à ses meilleurs amis.
Et, *quand même*[7] on pourrait se résoudre à le faire,
Croiriez-vous obliger tout le monde à se taire ?
Contre la médisance il n'est point de rempart.[8]
A tous les sots caquets n'ayons donc nul égard ;
Efforçons-nous de vivre avec toute innocence,
Et laissons aux causeurs une pleine licence.
 Dorine. Daphné, notre voisine, et son petit époux,
Ne seraient-ils point ceux qui parlent mal de nous ?
Ceux de qui la conduite offre le plus à rire
Sont toujours sur autrui les premiers à médire :[9]

---

[1] on this subject.
[2] stationed.
[3] noise.
[4] nothing is going on.
[5] people from talking.
[6] introduced.
[7] even though.
[8] *Contre la médisance*, &c. Scandal is laughably personified by Garrick in the prologue to Sheridan's *chef-d'œuvre* :—
 "So strong, so swift, the monster
  there's no gagging,—
 Cut Scandal's head off, still the
  tongue is wagging."
[9] It is incorrect to write *médire sur quelqu'un* ; it should be *médire de quelqu'un*.

Ils ne manquent jamais de saisir promptement
L'apparente *lueur*[1] du moindre attachement,
D'en semer la nouvelle avec beaucoup de joie,
Et d'y donner le tour qu'ils veulent qu'on y croie:[2]
Des[3] actions d'autrui, teintes de leurs couleurs,
Ils pensent dans le monde autoriser les leurs,
Et, sous le faux espoir de quelque ressemblance,
Aux intrigues *qu'ils ont*[4] donner *de l'innocence*,[5]
Ou faire ailleurs tomber quelques traits partagés
De ce blâme public dont ils sont trop chargés.

 Madame Pernelle. Tous ces raisonnements *ne font rien à l'affaire.*[6]
On sait qu'Orante mène une vie exemplaire;
Tous ses soins *vont*[7] au ciel: et j'ai su par des gens
Qu'elle condamne fort le *train qui vient céans.*[8]

 Dorine. L'exemple est admirable, et cette dame est bonne!
Il est vrai qu'elle vit en austère personne;
Mais l'âge dans son âme a mis ce zèle ardent,
Et l'on sait qu'elle est prude *à son corps défendant.*[9]
Tant qu'elle a pu des cœurs attirer les hommages,
Elle a fort bien joui de tous ses avantages:
Mais, voyant de ses yeux tous les brillants baisser,[10]
Au monde qui la quitte elle veut renoncer,
Et du voile pompeux d'une haute sagesse
De ses *attraits usés*[11] déguiser la faiblesse.

---

[1] glimpse.
[2] *Le tour qu'on y croie* should be *le tour qu'on y voie.* [3] by the.
[4] which they carry on.
[5] an air of innocence.
[6] are foreign to the purpose.
[7] are directed.
[8] company that frequents this house.
[9] in spite of herself; unwillingly; because she cannot help it.
[10] *Tous les brillants.* The word *brillants* is no longer employed figuratively, but with the adjective *faux*, as *faux-brillants*; the construction is *mais voyant tous les brillants de ses yeux baisser,* "but seeing all the splendour of her eyes diminish."
[11] worn-out, spent charms.

Ce sont là les retours[1] *des coquettes du temps.*[2]
Il leur est dur de voir déserter les galants.
Dans un tel abandon, leur sombre inquiétude
Ne voit d'autre recours que le métier de prude ;
Et la sévérité de ces femmes de bien
Censure toute chose, et ne pardonne à rien.[3]
Hautement d'un chacun[4] elles blâment la vie,
Non point par charité, mais par un trait d'envie
Qui ne saurait souffrir qu'une autre ait les plaisirs
Dont[5] *le penchant*[6] de l'âge a *sevré*[7] leurs désirs.

    Madame Pernelle (*à Elmire*). Voilà les contes bleus[8]
        qu'il vous faut pour vous plaire,
Ma bru. L'on est chez vous contrainte de se taire :
Car madame, à juser, tient le dé[9] tout le jour.
Mais enfin je prétends discourir à mon tour :
Je vous dis que mon fils n'a rien fait de plus sage
Qu'en recueillant chez soi[10] ce dévot personnage ;
Que le ciel *au besoin*[11] l'a céans envoyé
Pour redresser à tous votre esprit *fourvoyé* ;[12]
Que, pour votre salut, vous le devez entendre ;
Et qu'il ne *reprend*[13] rien qui ne soit à reprendre.
Ces visites, ces bals, ces conversations,
Sont du malin esprit toutes inventions.

[1] this is the refuge.
[2] of the present day.
[3] *Ne pardonne à rien* is a faulty expression, if Molière means "pardons nothing"; but it may be correct if it means "pardons nobody": *rien* is often, in conversation, used for *personne*, as *c'est un homme qui n'a d'affection pour rien*.
[4] *D'un chacun. Un* should be omitted.   [5] from which.
[6] the decline.   [7] weaned.
[8] *Les contes bleus*, "idle tales," "tales of fairies," among which *the blue bird* occupies a prominent place.

[9] *Tient le dé. Tenir le dé*, in company, signifies "to take the lead in the conversation," &c. A reproach of this kind on the part of Madame Pernelle, who has had a pretty good share of talk on the present occasion, is droll enough.
[10] *Chez soi* should be *chez lui*; *soi* is not thus employed, excepting when it refers to the indefinite pronoun *on*, as *on est bien chez soi*.
[11] in time of need.
[12] wandering — misguided — that has gon astray.
[13] finds fault with.

[SCÈNE I.] LE TARTUFFE.

Là, jamais on n'entend de pieuses paroles ;
Ce sont *propos oisifs,*[1] *chansons,*[2] et *fariboles :*[3]
Bien souvent le prochain *en a sa bonne part,*[4]
Et l'on y sait médire *et du tiers et du quart.*[5]
Enfin les gens sensés ont leurs têtes troublées
De la confusion de telles assemblées :
Mille caquets divers *s'y font en moins de rien ;*[6]
Et, comme l'autre jour un docteur dit fort bien,
C'est véritablement la tour de Babylone,
Car chacun y babille, et tout du long de l'aune :[7]
Et pour conter l'histoire où ce point l'engagea...
    (*montrant Cléante.*)
Voilà-t-il pas[8] monsieur qui ricane déjà !
Allez chercher vos fous qui vous donnent à rire,
    (*à Elmire.*)
Et sans... Adieu, ma bru ; je ne veux plus rien dire.
Sachez que *pour céans j'en rabats de moitié,*[9]
Et qu'il fera beau temps quand j'y mettrai le pied.
    (*donnant un soufflet à Flipote.*)
Allons, vous, vous rêvez, et bayez aux corneilles.[10]
Jour de Dieu ! je saurai vous frotter les oreilles.
Marchons, gaupe, marchons.

[1] idle topics.
[2] nonsense. [3] silly talk.
[4] has a good share in it.
[5] every one without exception.
[6] are started in no time.
[7] *La tour de Babylone, ... et tout du long de l'aune.* Madame Pernelle plays on the word *Babylone : chacun y babille, et tout du long de l'aune,* for *Babylone* contains the two words *babille et l'aune : tout du long de l'aune* signifies simply "throughout, all along." Father Coussin, a Jesuit of the seventeenth century, says in his 'Cour Sainte,' "*Les hommes ont fondé la tour de Babel, et les femmes la tour de babil.*" This may possibly be the source of Molière's expression.
[8] *Voilà-t-il pas* is said for *ne voilà-t-il pas.*
[9] for the present I tell you only half I have to say.
[10] *Bayer aux corneilles,* "to gape at the crows"; from the Italian word *baja,* "opening" : it is a proverbial expression which signifies "to gape," as it happens with silly people when they view anything with surprise or wonder.

SCÈNE II.

CLÉANTE, DORINE.

Cléante.   Je n'y veux point aller,
De peur qu'elle ne vînt encor me quereller ;
Que cette bonne femme...¹
Dorine.   Ah ! certes, c'est dommage
Qu'elle ne vous ouït tenir un tel langage :
Elle vous dirait bien qu'elle vous trouve bon,
Et qu'elle n'est point d'âge *à lui donner ce nom.*²
  Cléante. Comme elle s'est pour rien contre nous
      échauffée !
Et que de son Tartuffe elle paraît *coiffée !*³
  Dorine. Oh ! vraiment, tout cela n'est rien *au prix
      du*⁴ fils :
Et, si vous l'*aviez vu*, vous diriez : C'est bien pis !
Nos troubles l'avaient mis sur le pied d'homme sage,
Et, pour servir son prince, il montra du courage :
Mais il est devenu comme un homme *hébété,*⁵
Depuis que *de*⁶ Tartuffe on le voit *entêté ;*⁷
Il l'appelle son frère, et l'aime dans son âme
Cent fois plus qu'il ne fait mère, fils, fille, et femme.
C'est de tous ses secrets l'unique confident,
Et de ses actions le directeur prudent ;
*Il le choie,*⁸ il l'embrasse ; et pour une maîtresse
On ne saurait, je pense, avoir plus de tendresse :
A table, au plus haut bout il veut qu'il soit assis ;
Avec joie il l'y voit manger autant que six ;

---

¹ The term *bonne femme* is only applied to a woman advanced in years ; this is why Dorine says just after, *Elle n'est point d'âge, &c.*
² to be styled thus.
³ infatuated.
⁴ in comparison with the.
⁵ stupefied.   ⁶ with.
⁷ blindly prepossessed.
⁸ he caresses him.

Les bons morceaux de tout, il faut qu'on les lui cède ;
Et, *s'il vient à*[1] roter, il lui dit : Dieu vous aide !
Enfin il en est fou ; c'est son tout, son héros ;
Il l'admire à tous coups, le cite à tous propos ;
Ses moindres actions lui semblent des miracles,
Et tous les mots qu'il dit sont pour lui des oracles.
Lui, qui connaît sa dupe, et qui veut *en jouir*,[2]
Par cent *dehors fardés*[3] a l'art de l'éblouir ;
Son *cagotisme*[4] en tire, à toute heure, des sommes,
Et prend droit de gloser sur *tous tant que nous sommes*,[5]
Il n'est pas jusqu'au fat qui lui sert de garçon
Qui ne se mêle aussi *de nous faire leçon* ;[6]
Il vient nous sermonner avec des yeux farouches,
Et jeter nos rubans, notre rouge et nos mouches.
Le traître, l'autre jour, nous rompit[7] de ses mains
Un mouchoir qu'il trouva dans une Fleur des Saints,[8]
Disant que nous mêlions, par un crime effroyable,
Avec la sainteté les parures du diable.

SCÈNE III.

ARGUMENT TO SCENES III. & IV.

Elmire, Mariane, and Damis return, after having conducted Madame Pernelle to her apartments ; but Elmire, who knows of her husband's return from the country, goes to receive and welcome him. Mariane follows her. Damis, remaining with Cléante and Dorine, solicits the former to employ his influence

---

[1] if he happens to.
[2] to profit by him.
[3] painted exteriors, *i.e.* acts of hypocrisy.
[4] sanctimoniousness.
[5] every one of us.
[6] with lecturing us.
[7] *Rompre un mouchoir* is not correct French ; *déchirer un mouchoir* is the proper expression.
[8] *Fleur des Saints*, the title of a religious book, by a Spanish Jesuit

with Orgon in bringing about the marriage of Mariane with Valère, as he suspects that Tartuffe is opposed to their union.

ELMIRE, MARIANE, DAMIS, CLÉANTE, DORINE.

Elmire (*à Cléante*).   Vous êtes bien heureux de n'être
   point venu
Au discours qu'à la porte elle *nous a tenu*.[1]
Mais j'ai vu mon mari; comme il ne m'a point vue,
Je veux aller là-haut attendre sa venue.
   Cléante. Moi, je l'attends ici *pour moins d'amuse-
      ment*;[2]
Et je vais lui donner le bonjour seulement.

SCÈNE IV.

CLÉANTE, DAMIS, DORINE.

Damis. De l'hymen de ma sœur *touchez-lui quelque
   chose*.[3]
J'ai soupçon que Tartuffe *à son effet*[4] s'oppose,
Qu'il oblige mon père à *des détours si grands*;[5]
Et vous n'ignorez pas quel intérêt j'y[6] prends.
Si même ardeur enflamme et ma sœur et Valère,
La sœur de cet ami, vous le savez, m'est chère;
Et s'il fallait...
   Dorine.   Il entre.

---

[1] has addressed to us.
[2] to lose less time.
[3] say to him a few words.
[4] to the accomplishment of it.
[5] such tedious evasions.
[6] in it.

SCÈNE V.

ARGUMENT.

Dorine informs Orgon, on his return home, of the indisposition of his wife during his absence, but he interrupts her frequently by inquiries after Tartuffe, with whom his mind is entirely engrossed. Notwithstanding the unequivocal symptoms of health laughably attested to by Dorine, and the best proofs of the good appetite, sound repose, and fresh complexion of the hypocrite, his anxiety more than once evinces itself in a plaintive ejaculation of pity in the words *Le pauvre homme!* Dorine at length quits him under pretence of informing his loved spouse how deep an interest he had manifested in her welfare.

ORGON, CLÉANTE, DORINE.

Orgon. Ah! mon frère, bonjour.
Cléante. Je sortais, et j'ai joie à vous voir[1] de
    retour.
La campagne à présent n'est pas beaucoup fleurie.
  Orgon (*à Cléante*). Dorine... Mon beau-frère, atten-
    dez, je vous prie.
Vous voulez bien souffrir, pour m'ôter de souci,
Que je m'informe un peu des nouvelles d'ici.
    (*à Dorine.*)
Tout s'est-il, ces deux jours, passé de bonne sorte?
Qu'est-ce qu'on fait céans? comme est-ce qu'on se porte?[2]
  Dorine. Madame eut avant-hier la fièvre jusqu'au
    soir,
Avec un mal de tête étrange à concevoir.

---

[1] for *j'ai de la joie à vous voir.*
[2] how are you all? *Comme* was formerly used for *comment*: thus Corneille says, *Comme est-il mort?* "how did he die?" Numerous instances are to be found in Molière.

Orgon. Et Tartuffe ?[1]
Dorine. Tartuffe ! il se porte à merveille,
Gros et gras, le teint frais, et la bouche *vermeille.*[2]
Orgon. Le pauvre homme ![3]
Dorine. Le soir, *elle eut un grand dégoût,*[4]
Et ne put, au souper, toucher à rien du tout,
Tant sa douleur de tête était encor cruelle !
Orgon. Et Tartuffe ?
Dorine. Il soupa, lui tout seul, devant elle ;
Et fort dévotement il mangea deux perdrix,
Avec une moitié de gigot en hachis.
Orgon. Le pauvre homme !
Dorine. La nuit se passa tout entière
Sans qu'elle pût fermer un moment la paupière ;
Des chaleurs l'empêchaient de pouvoir sommeiller,
Et jusqu'au jour, près d'elle, il nous fallut veiller.
Orgon. Et Tartuffe ?
Dorine. Pressé d'un sommeil agréable,
Il passa dans sa chambre au sortir de la table ;
Et dans son lit bien chaud il se mit tout soudain,
Où, sans trouble, il dormit jusques au lendemain.
Orgon. Le pauvre homme !

---

[1] *Et Tartuffe ?* This single question shows the character of Orgon. What cannot be expected from a man who, having just arrived home, replies to everything he is told by this question alone, *Et Tartuffe ?* This is infatuation indeed!   [2] rosy.

[3] A double origin has been assigned to the scene. Molière, in the capacity of *valet de chambre,* accompanied Louis XIV. with the army into Lorraine. The king invited his preceptor, the Bishop of Rhodez, to partake of his evening repast, but he affectedly declined, as he only took one meal in Lent. The titter which this caused, induced the king to inquire the cause; and he was told by one of them that he had seen him, not long before, partake of a most sumptuous dinner. At the mention of each rare delicacy, the king exclaimed *Le pauvre homme!* with such a droll expression of voice and countenance that the whole circle was convulsed with laughter.

The other story is about Père Joseph, a Capuchin friar, and confessor to Cardinal Richelieu. A convent porter was asking after his welfare; and at each fresh report of his good fortune and luxury, the porter cried out, *Le pauvre homme!* as if this *poor man* actually deserved to be pitied.

[4] she experienced a loss of appetite.

Dorine.   A la fin, par nos *raisons*[1] *gagnée,*[2]
Elle se résolut à souffrir la saignée;
Et le soulagement suivit tout aussitôt.
   Orgon. Et Tartuffe?
   Dorine.   *Il reprit courage comme il faut ;*[3]
Et, contre tous les maux fortifiant son âme,
Pour réparer le sang qu'avait perdu madame,
But, à son déjeuner, quatre grands coups de vin.
   Orgon. Le pauvre homme!
   Dorine.   Tous deux se portent bien enfin ;
Et je vais à madame annoncer, par avance,
La *part*[4] que vous prenez à sa convalescence.

SCÈNE VI

ARGUMENT.

The two brothers, left to themselves, commence a lively discussion concerning Tartuffe. In the course of this interesting dialogue, Cléante draws admirable pictures of true piety and false devotion; but his arguments, replete with wisdom, are unable to combat successfully the infatuated credulity of his brother.

ORGON, CLÉANTE.

Cléante. A votre nez,[5] mon frère, elle se rit de vous;
Et, sans avoir dessein de vous mettre en courroux,
Je vous dirai tout franc que c'est avec justice.
A-t-on jamais parlé d'un semblable caprice?
Et *se peut-il qu'un homme ait un charme*[6] aujourd'hui
A vous faire oublier toutes choses pour lui;

---

[1] arguments.
[2] prevailed upon.
[3] he plucked up courage nicely.
[4] interest.
[5] to your face.
[6] is it possible that a man can be so bewitching?

Qu'après avoir chez vous réparé sa misère,
Vous en veniez au point...?
Orgon. Halte-là, mon beau-frère;
Vous ne connaissez pas celui dont vous parlez.
Cléante. Je ne le connais pas, puisque vous le voulez;
Mais enfin, pour savoir quel homme ce peut être...
Orgon. Mon frère, vous seriez charmé de le connaître,
Et vos ravissements ne prendraient point de fin.
C'est un homme... qui... ah!... un homme... un homme
  enfin...[1]
Qui suit bien ses leçons goûte une paix profonde,
Et *comme du fumier*[2] regarde tout le monde.
Oui, je deviens *tout autre*[3] avec son entretien;
Il m'enseigne à n'avoir affection pour rien;
De toutes amitiés il détache mon âme;
Et je verrais mourir frère, enfants, mère, et femme,
Que je m'en soucierais autant que de cela.
Cléante. Les sentiments humains, mon frère, que
  voilà!
Orgon. Ah! si vous aviez vu comme j'en fis rencontre,
Vous auriez *pris*[4] pour lui l'amitié que je montre.
Chaque jour à l'église il venait, d'un air doux,
Tout vis-à-vis de moi se mettre à deux genoux.
Il attirait les yeux de l'assemblée entière
Par l'ardeur dont au ciel il poussait sa prière;
Il faisait des soupirs, *de grands élancements,*[5]
Et baisait humblement la terre à tous moments;
Et, lorsque je sortais, il me devançait vite
Pour m'aller, à la porte, offrir de l'eau bénite.

---

[1] *C'est un homme enfin, &c.* Nothing is more common than to hear a man who attempts to make another believe what he is infatuated with himself, unable to find a word sufficient to express his ridiculous enthusiasm, and end by a *suffit* or *enfin,* as Orgon does.
[2] as muck.
[3] quite another man.
[4] conceived.
[5] loud ejaculations.

Instruit par son garçon, qui dans tout l'imitait,
Et de son indigence, et de ce qu'il était,
Je lui faisais des dons : mais, avec modestie,
Il me voulait toujours en rendre une partie.
C'est trop, me disait-il, c'est trop *de la moitié* ;[1]
Je ne mérite pas *de vous faire pitié*.[2]
Et quand je refusais de le vouloir reprendre,
Aux pauvres, à mes yeux, il allait le répandre.
Enfin le ciel *chez moi me le fit retirer*,[3]
Et depuis ce temps-là tout semble y prospérer.
Je vois qu'il *reprend*[4] tout, et qu'à ma femme même
Il prend, pour mon honneur, un intérêt extrême ;
Il m'avertit des gens qui *lui font les yeux doux*,[5]
Et plus que moi six fois il s'en montre jaloux.
Mais vous ne croiriez point jusqu'où monte son zèle :
Il s'impute à péché la moindre bagatelle ;
Un rien presque suffit pour le scandaliser ;
Jusque-là qu'il se vint, l'autre jour, accuser
D'avoir pris une puce en faisant sa prière,
Et de l'avoir tuée avec trop de colère.

Cléante. Parbleu ! vous êtes fou, mon frère, que je croi.
Avec de tels discours vous moquez-vous de moi ?
Et que prétendez-vous ? Que tout ce badinage...

Orgon. Mon frère, ce discours *sent le libertinage* :[7]
Vous en êtes un peu dans votre âme *entiché* ;[8]
Et, comme je vous l'ai plus de dix fois prêché,
Vous vous attirerez quelque méchante affaire.

Cléante. Voilà *de vos pareils*[9] le discours ordinaire ;
Ils veulent que chacun soit aveugle comme eux.
C'est *être libertin*[10] que d'avoir de bons yeux ;

[1] by half. [2] to excite your pity.
[3] made me take him home.
[4] reproves.
[5] look sweet at her.
[6] for *à ce que je croi*—*croi* is put for *crois* to rhyme with *moi*. I do believe.
[7] savours of libertinage.
[8] tainted. [9] of men like you.
[10] a free thinker. The word was generally used in a good sense in the time of Molière.

Et qui n'adore pas de vaines simagrées
N'a ni respect ni foi pour les choses sacrées.
Allez, tous vos discours ne me font point de peur ;
Je sais comme je parle, et le ciel voit mon cœur.
De tous vos *façonniers* [1] on n'est point les esclaves.
Il est de faux dévots [2] ainsi que *de faux braves :* [3]
Et, comme on ne voit pas qu'où l'honneur les conduit
Les vrais braves soient ceux qui font beaucoup de bruit,
Les bons et vrais dévots, *qu'on doit suivre à la trace,* [4]
Ne sont pas ceux aussi qui font tant de grimace.
Hé quoi ! vous ne ferez nulle distinction
Entre l'hypocrisie et la dévotion ?
Vous les voulez *traiter d'un semblable langage,* [5]
Et rendre même honneur au masque qu'au visage,
Égaler l'artifice à la sincérité,
Confondre l'apparence avec la vérité,
Estimer le fantôme autant que la personne,
Et la fausse monnaie à l'égal de la bonne ?
Les hommes *la plupart* [6] sont étrangement faits ;
Dans la juste nature on ne les voit jamais :
La raison a pour eux des bornes trop petites ;
En chaque caractère ils passent ses limites,
Et la plus noble chose, ils la gâtent souvent
Pour la vouloir *outrer* [7] et pousser trop avant.
Que cela vous soit dit en passant, mon beau-frère.

    Orgon. Oui, vous êtes sans doute un docteur qu'on révère ;
Tout le savoir du monde *est chez vous retiré ;* [8]
Vous êtes le seul sage et le seul éclairé,

---

[1] affected people.
[2] there are pretenders to religion.
[3] pretenders to bravery.
[4] whose steps we should follow.
[5] put them all in the same category.
[6] for the most part.
[7] overdo.
[8] is centred within you.

Un oracle, un Caton dans le siècle où nous sommes;
Et *près de*[1] vous ce sont des sots que tous les hommes.
   Cléante. Je ne suis point, mon frère, un docteur révéré;
Et le savoir chez moi n'est pas tout retiré.
Mais, en un mot, je sais, pour toute ma science,
Du faux avec le vrai faire la différence.
Et comme je ne vois nul genre de héros
Qui soit plus à priser que les parfaits dévots,
Aucune chose au monde et plus noble et plus belle
Que la sainte ferveur d'un véritable zèle;[2]
Aussi ne vois-je rien qui soit plus odieux
Que le *dehors plâtré*[3] d'un zèle spécieux,
Que ces *francs charlatans*,[4] que ces *dévots de place*,[5]
De qui la sacrilége et trompeuse grimace
Abuse impunément, et se joue, *à leur gré*,[6]
De ce qu'ont les mortels de plus saint et sacré;
Ces gens qui, par une âme à l'intérêt soumise,
Font de dévotion métier et marchandise,
Et veulent acheter crédit et dignités
A prix de faux *clins d'yeux*[7] et d'*élans*[8] affectés;
Ces gens, dis-je, qu'on voit, d'une ardeur non commune,
Par le chemin du ciel courir à leur fortune;
Qui, brûlants et priants,[9] demandent chaque jour,
Et prêchent *la retraite*[10] au milieu de la cour;
Qui savent ajuster leur zèle avec leurs vices,
Sont prompts, vindicatifs, sans foi, pleins d'artifices,

---

[1] in comparison with.
[2] A conclusive answer to the accusation of Bourdaloue, of having "cherché à faire concevoir d'injustes soupçons de la vraie piété."
[3] plastered exterior. *Vide* p. 11, note 3.
[4] arrant quacks.
[5] ostentatious bigots, like the *valets de place* who exhibited themselves in the market-places to get hired.
[6] at their pleasure.
[7] turning up of the eyes.
[8] ejaculations.
[9] *brûlants et priants.* The present participle is indeclinable; the plural termination here is, therefore, an error.
[10] seclusion.

Et, pour perdre quelqu'un, couvrent insolemment
De l'intérêt du ciel leur fier ressentiment ;
D'autant plus dangereux dans leur âpre colère,
Qu'ils prennent contre nous des armes qu'on révère,
Et que leur passion, *dont on leur sait bon gré*,[1]
Veut nous assassiner avec un fer sacré :
De ce faux caractère on en voit trop paraître,
Mais les dévots de cœur sont aisés à connaître.
Notre siècle, mon frère, en expose à nos yeux
Qui peuvent nous servir d'exemples glorieux.
Regardez Ariston, regardez Périandre,
Oronte, Alcidamas, Polydore, Clitandre ;
Ce titre par aucun ne leur est débattu,[2]
Ce ne sont point du tout fanfarons de vertu ;
On ne voit point en eux ce faste insupportable,
Et leur dévotion est humaine, est *traitable* :[3]
Ils ne censurent point toutes nos actions,
Ils trouvent trop d'orgueil dans ces corrections ;
Et, laissant la fierté des paroles aux autres,
C'est par leurs actions qu'ils reprennent les nôtres.
L'apparence du mal a *chez eux*[4] peu d'*appui*,[5]
Et leur âme est portée à juger bien d'autrui.
Point de cabale en eux, point d'intrigues à suivre ;
On les voit, *pour tous soins*,[6] se mêler de bien vivre.
Jamais contre un pécheur ils n'ont d'acharnement,
Ils attachent leur haine au péché seulement,
Et ne veulent point prendre, avec un zèle extrême,
Les intérêts du ciel plus qu'il ne veut lui-même.
Voilà mes gens, voilà comme il en faut user,
Voilà l'exemple enfin qu'il se faut proposer.

[1] for which they are applauded.
[2] *Débattu.* We should not say, according to the present usage, *débattre un titre à quelqu'un*, but *disputer*.
[3] supportable.
[4] with them.
[5] weight.
[6] without any other care, i.e. regardless of all else.

Votre homme, à dire vrai, n'est pas de ce modèle :
C'est de fort bonne foi que vous vantez son zèle ;
Mais par un faux *éclat*[1] je vous crois ébloui.

Orgon. Monsieur mon cher beau-frère, avez-vous tout dit ?

Cléante. Oui.

Orgon (*s'en allant*). Je suis votre valet.

Cléante. De grâce, un mot, mon frère.
Laissons là ce discours. Vous savez que Valère,
Pour être votre gendre *a parole de vous.*[2]

Orgon. Oui.

Cléante. Vous aviez *pris*[3] jour pour un lien si doux.

Orgon. Il est vrai.

Cléante. Pourquoi donc en différer la fête ?

Orgon. Je ne sais.

Cléante. Auriez-vous autre pensée en tête ?

Orgon. Peut-être.

Cléante. Vous voulez manquer à votre foi ?

Orgon. Je ne dis pas cela.

Cléante. Nul obstacle, je croi,
Ne vous peut empêcher d'accomplir vos promesses.

Orgon. Selon [4]

Cléante. Pour dire un mot faut-il tant de *finesses !*[5]
Valère, sur ce point, me fait vous visiter.[6]

Orgon. Le ciel en soit loué !

Cléante. Mais *que lui reporter ?*[7]

Orgon. Tout ce qu'il vous plaira.

---

[1] appearance.
[2] has your promise: hence our English "on parole"
[3] fixed.
[4] *se'on*, for *c'est selon*, "that depends on circumstances."
[5] crafty evasions.
[6] *Me fait vous visiter*, an old expression for *m'a prié de vous visiter*.
[7] what message shall I take back to him?

Cléante.   Mais il est nécessaire
De savoir vos desseins. Quels sont-ils donc?
  Orgon.   De faire
Ce que le ciel voudra.[1]
  Cléante.   Mais parlons *tout de bon.*[2]
Valère a votre *foi*;[3] la tiendrez-vous, ou non?
  Orgon. Adieu.
  Cléante (*seul*). Pour son amour je crains une disgrâce,
Et je dois l'avertir de tout ce qui se passe.

---

[1] This answer is worthy of a pupil whose preceptor exclaims, at the end of the third act:—
  "La volonté du ciel soit faite en toute chose!"
[2] seriously.   [3] promise.

FIN DU PREMIER ACTE.

(23)

ACTE SECOND.

SCÈNE I.

ARGUMENT TO SCENES I. & II.

Orgon sounds his daughter as to her opinion of Tartuffe, and ends by proposing him as her future husband; the sly Dorine, who has slipped into the room unperceived, overhears the proposal, which her master, on perceiving her, breaks off to reprove her impertinent curiosity. Dorine, who is no friend to the hypocrite, urges every argument to oppose the intended union; and, by dint of reasoning, wit, and ridicule, she highly provokes the infatuated old gentleman, who seems to put himself in an attitude which bodes ill to her ears, but the cunning girl is on her guard, and, after a very amusing dispute, obliges her master to quit the field.

ORGON, MARIANE.

Orgon. Mariane.
Mariane. Mon père ?
Orgon. Approchez, j'ai *de quoi*[1]
Vous parler en secret.
Mariane (à Orgon qui regarde dans un cabinet).
Que cherchez-vous ?
Orgon. Je voi[2]
Si quelqu'un n'est point là qui pourrait nous entendre ;
Car ce petit endroit *est propre pour surprendre.*[3]

---

[1] something. *J'ai de quoi vous parler,* for *j'ai à vous parler,* is an incorrect expression.

[2] *voi,* instead of *vois,* for the sake of rhyming with *quoi;* as *croi* for *crois,* at page 17, note 6.

[3] is favourable for surprising us. *Ce petit endroit* is exactly the place where Damis overheard the declaration of love made by Tartuffe to Elmire; and this verse is a skilful preparation for the 3rd sc. of act iv.

Or sus,[1] nous voilà bien. J'ai, Mariane, en vous
Reconnu de tout temps un esprit assez doux,
Et de tout temps aussi vous m'avez été chère.
  Mariane. Je suis fort redevable à cet amour de père.
  Orgon. C'est fort bien dit, ma fille ; et, pour le mériter,
Vous devez n'avoir soin que de me contenter.
  Mariane. C'est où je mets[2] aussi ma gloire la plus haute.
  Orgon. Fort bien. Que dites-vous de Tartuffe notre hôte ?
  Mariane. Qui ? moi ?
  Orgon.   Vous. *Voyez bien*[3] comme vous répondrez.
  Mariane. Hélas ! j'en[4] dirai, moi, tout ce que vous voudrez.

SCÈNE II.

ORGON, MARIANE, DORINE (*entrant doucement, et se tenant derrière Orgon, sans être vue*).

  Orgon. C'est parler sagement... Dites-moi donc, ma fille,
Qu'en toute sa personne un haut mérite brille,
Qu'il touche votre cœur, et qu'il vous serait doux
De le voir, par mon choix, devenir votre époux.
Hé !
  Mariane. Hé ?
  Orgon.   Qu'est-ce ?
  Mariane.   Plaît-il ?
  Orgon.   Quoi ?

---

[1] now come.   [2] it is on this I rest.   [3] take good care.   [4] of him.

Mariane.   *Me suis-je méprise ?*[1]
Orgon. Comment ?
Mariane. Qui voulez-vous, mon père, que je dise[2]
Qui me touche le cœur, et qu'il me serait doux
De voir, par votre choix, devenir mon époux ?
Orgon. Tartuffe.
Mariane.   Il n'en est rien,[3] mon père, je vous jure.
Pourquoi me faire dire une telle imposture ?
Orgon. Mais je veux que cela soit une vérité ;
Et c'est assez pour vous que je *l'aie arrêté.*[4]
Mariane. Quoi ? vous voulez, mon père...?
Orgon.   Oui, je prétends, ma fille,
Unir, par votre hymen, Tartuffe à ma famille.
Il sera votre époux, j'ai résolu cela.
         (*apercevant Dorine.*)
Et comme sur vos vœux je... Que faites-vous là ?
La curiosité qui vous presse est bien forte,
Ma mie, à[5] *nous venir écouter de la sorte.*[6]
Dorine. Vraiment je ne sais pas si c'est un *bruit*[7] qui *part*[8]
De quelque conjecture, ou d'un coup de hasard ;
Mais de ce mariage on m'a dit la nouvelle,
Et j'ai traité cela *de pure*[9] bagatelle.
Orgon. Quoi donc ! la chose est-elle incroyable ?
Dorine.   A tel point
Que vous-même, monsieur, je ne vous *en*[10] crois point.
Orgon. Je sais bien le moyen de vous le faire croire.
Dorine. Oui ! oui ! vous nous contez une plaisante histoire !

---

[1] am I mistaken ?
[2] This turn of expression should be *de qui voulez-vous que je dise qu'il,* &c.
[3] that can never be.
[4] decided it.
[5] i.e. *au point de, jusqu'à.*
[6] to induce you to come and listen in this way.
[7] rumour.   [8] proceeds.
[9] as a mere.
[10] with regard to it.

Orgon. Je conte justement ce qu'on verra dans peu.
*Dorine. Chansons !*¹
Orgon. Ce que je dis, ma fille, *n'est point jeu.*²
Dorine. Allez, ne croyez point à³ monsieur, votre père ;
Il raille.
Orgon. Je vous dis......
Dorine. Non, *vous avez beau faire,*⁴
On ne vous croira point.
Orgon. A la fin mon courroux....
Dorine. Hé bien ! on vous croit donc ; et c'est tant pis pour vous.
Quoi ! se peut-il, monsieur, qu'avec l'air d'homme sage,
Et cette large barbe au milieu du visage,
Vous soyez assez fou pour vouloir... ?
Orgon. Écoutez :
Vous avez pris céans certaines *privautés* ⁵
Qui ne me plaisent point ; je vous le dis, ma mie.
Dorine. Parlons sans nous fâcher, monsieur, je vous supplie.
Vous moquez-vous des gens d'avoir fait ce complot ?
Votre fille *n'est point l'affaire d'* ⁶ un bigot :
Il a d'autres emplois auxquels il faut qu'il pense.
Et puis, que vous apporte une telle alliance ?
A quel sujet ⁷ aller, avec tout votre bien,
Choisir un gendre gueux... ?
Orgon. Taisez-vous. S'il n'a rien,

---

¹ nonsense !
² is no joke.
³ *croire à quelqu'un* signifies "to believe in the existence of any one"; e.g. *croire aux sorciers* ; but *croire les sorciers* is to regard as true what they tell you.
⁴ do what you will. *Vous avez beau dire,* "say what you will." *On a beau chasser le chagrin, il revient toujours,* "drive away sorrow ever so much, it will return again."
⁵ liberties.
⁶ is not cut out for—is not the thing for. *Ce n'est pas mon affaire,* "that's not my business," "that's nothing to do with me."
⁷ for what reason.

Sachez que c'est par là qu'il faut qu'on le révère.
Sa misère est sans doute une honnête misère ;
Au-dessus des grandeurs elle doit l'élever,
Puisqu'enfin de son bien il s'est laissé *priver* [1]
Par son trop peu de soin des choses temporelles,
Et sa puissante attache aux choses éternelles.
Mais mon secours pourra lui donner les moyens
De sortir d'embarras, et *rentrer dans ses biens :* [2]
Ce sont fiefs qu'*à bon titre* [3] *au pays* [4] on renomme ;
Et, tel que l'on le voit, il est bien gentilhomme.

Dorine. Oui, c'est lui qui le dit ; et cette vanité,
Monsieur, ne sied pas bien avec la piété.
Qui d'une sainte vie embrasse l'innocence,
Ne doit point tant *prôner* [5] son nom et sa naissance ;
Et l'humble procédé de la dévotion
Souffre mal les *éclats* [6] de cette ambition.
A quoi bon cet orgueil ?... Mais ce discours vous blesse :
Parlons de sa personne, et laissons sa noblesse.
Ferez-vous possesseur, sans quelque peu d'*ennui,* [7]
D'une fille comme elle un homme comme lui ?
Et ne devez-vous pas songer aux bienséances,
Et de cette union prévoir les conséquences ?
Sachez que d'une fille on risque la vertu,
Lorsque dans son hymen son goût est *combattu ;* [8]
Que le dessein *d'y* [9] vivre en honnête personne
Dépend des qualités du mari qu'on lui donne ;
Et que ceux *dont partout on montre au doigt le front* [10]
Font leurs femmes souvent ce qu'on voit qu'elles sont.
Il est bien difficile enfin d'être fidèle
A de certains maris faits d'un certain modèle ;

[1] to be deprived.
[2] to recover his estate.
[3] with good reason.
[4] in the country.
[5] boast of.
[6] display.
[7] repugnance.
[8] thwarted.
[9] in that state.
[10] whose (*horned*) forehead is pointed at everywhere.

Et qui donne à sa fille un homme qu'elle hait,
Est responsable au ciel des fautes qu'elle fait.
Songez à quels périls votre dessein vous livre.

Orgon. Je vous dis qu'il me faut apprendre d'elle à vivre !

Dorine. Vous n'en feriez que mieux de suivre[1] mes leçons.

Orgon. Ne nous amusons point, ma fille, à ces chansons;

Je sais ce qu'il vous faut, et je suis votre père.
J'avais donné pour vous ma parole à Valère :
Mais outre qu'*à jouer*[2] on dit qu'il est enclin,
Je le soupçonne encor d'être un peu libertin ;[3]
Je ne remarque point qu'il *hante*[4] les églises.

Dorine. Voulez-vous qu'il y coure *à vos heures précises*,[5]

Comme ceux qui n'y vont que pour être aperçus ?

Orgon. Je ne demande pas votre avis là-dessus.
Enfin avec le ciel l'autre *est le mieux du monde*[6]
Et c'est une richesse à nulle autre seconde.
Cet hymen de tous biens *comblera*[7] vos désirs,
Il sera tout confit en douceurs et plaisirs.[8]
Ensemble vous vivrez, dans vos ardeurs fidèles,
Comme deux vrais enfants, comme deux tourterelles :
A nul fâcheux débat jamais vous n'en viendrez ;
Et vous ferez de lui tout ce que vous voudrez.

Dorine. Elle ? elle n'en fera qu'un sot, je vous assure.

Orgon. Ouais ![9] quels discours !

Dorine.   Je dis qu'*il en a l'encolure*,[10]

---

[1] you could not act better than by following.
[2] to gaming.
[3] *Vide* p. 17, note 10.
[4] frequents.
[5] precisely at your hour of prayer.
[6] is on the best possible terms (with).
[7] will crown.
[8] *Il sera tout confit, &c.* All the sweetness of this phrase cannot be well preserved in translation.
[9] dear me.
[10] he has all the appearance of one.

Et que son ascendant, monsieur, l'*emportera*[1]
Sur toute la vertu que votre fille aura.
 Orgon. Cessez de m'interrompre, et songez à vous taire,
Sans mettre votre nez *où vous n'avez que faire.*[2]
 Dorine. Je n'en parle, monsieur, que pour votre intérêt.
 Orgon. C'est *prendre trop de soin*;[3] taisez-vous, s'il vous plaît.
 Dorine. Si l'on ne vous aimait...
 Orgon. Je ne veux pas qu'on m'aime.[4]
 Dorine. Et je veux vous aimer, monsieur, malgré vous-même.
 Orgon. Ah!
 Dorine. Votre honneur m'est cher, et je ne puis souffrir
Qu'aux brocards d'un chacun[5] vous alliez vous offrir.
 Orgon. Vous ne vous tairez point!
 Dorine. C'est *une conscience*[6]
Que de vous laisser faire une telle alliance.
 Orgon. Te tairas-tu, serpent, dont les traits[7] effrontés..?
 Dorine. Ah! vous êtes dévot, et vous *vous emportez!*[8]
 Orgon. Oui, ma bile s'échauffe à toutes ces fadaises,
Et tout résolûment je veux que tu te taises.
 Dorine. Soit. Mais, ne disant mot, je n'en pense pas moins.
 Orgon. Pense, si tu le veux; mais applique tes soins

---

[1] will get the better of. According to the ideas of judicial astrology, that part of the heavens which was above the horizon at the moment of a person's birth was called the ascendant, and was supposed to have an influence on the future destinies of the person born.

[2] into what does not concern you.

[3] you are too officious.

[4] *Je ne veux pas qu'on m'aime* is an admirable touch of truth and nature: it is vexation, anger itself, which speaks; but, notwithstanding, it is the expression of a man naturally good.

[5] See page 8, note 4.

[6] a sin — a matter of conscience.

[7] *Les traits d'un serpent* is not admissible; we may say *sa gueule, ses dents envenimées.*

[8] put yourself in a passion.

A ne m'en point parler, ou... (*à sa fille.*) Suffit.. Comme sage,[1]
J'ai pesé mûrement toutes choses.
 Dorine (*à part*).   *J'enrage*[2]
De ne pouvoir parler.
 Orgon.   Sans être damoiseau,
Tartuffe est fait de sorte...
 Dorine (*à part*). Oui, c'est un beau museau.
 Orgon. Que,[3] quand tu n'aurais même aucune sympathie
Pour tous les autres dons...
 Dorine (*à part*). *La voilà bien lotie!*[4]
(*Orgon se tourne du côté de Dorine, et, les bras croisés, l'écoute et la regarde en face.*)
Si j'étais en sa place, un homme assurément
Ne m'épouserait pas de force impunément;
Et je lui ferais voir, bientôt après la *fête*,[5]
Qu'une femme a toujours une vengeance prête.[6]
 Orgon (*à Dorine*). Donc de ce que je dis on ne fera nul cas?[7]
 Dorine. De quoi vous plaignez-vous? Je ne vous parle pas.
 Orgon. Qu'est-ce que tu fais donc?
 Dorine.   Je me parle à moi-même.
 Orgon (*à part*). Fort bien. Pour châtier son insolence extrême,
Il faut que je lui donne un revers de ma main.
(*Il se met en posture de donner un soufflet à Dorine, et, à chaque mot qu'il dit à sa fille, il se tourne pour regarder Dorine, qui se tient droite sans parler.*)

---

[1] for *en ma qualité d'homme sage.*
[2] it makes me mad.
[3] A continuation of *fait de sorte...*
[4] a fine match, indeed!
[5] celebration.
[6] Martine in 'Méd. mal. Lui,' i. 4, says, "Je sais bien qu'une femme a toujours dans les mains de quoi se venger d'un mari."
[7] So you don't mind at all what I say. *Faire cas de,* "to value, to set a value upon, to esteem."

Ma fille, vous devez approuver mon dessein...
Croire que le mari... que j'ai su vous élire...¹
    (à Dorine.)
Que² ne te parles-tu ?
  Dorine.   Je n'ai rien à me dire.
  Orgon. Encore un petit mot.
  Dorine.   Il ne me plaît pas, moi.
  Orgon. Certes, je t'y guettais.³
  Dorine.   Quelque sotte,⁴ ma foi !....
  Orgon. Enfin, ma fille, il faut *payer d'obéissance,*⁵
Et montrer pour mon choix entière déférence.
  Dorine (*en s'enfuyant*). Je me moquerais fort de
    prendre⁶ un tel époux.
  Orgon (*après avoir manqué de donner un soufflet à
    Dorine*).
Vous avez là, ma fille, une peste avec vous,
Avec qui, sans péché, je ne saurais plus vivre.
Je me sens *hors d'état*⁷ maintenant de poursuivre ;
Ses discours insolents *m'ont mis l'esprit en feu,*⁸
Et je vais prendre l'air pour me *rasseoir*⁹ un peu.

---

¹ *Vous élire. Élire* supposes a choice amongst a number, and it is used but seldom, except of persons elected to any particular office by a body of people; in every other case, *choisir* is the proper word.

² *Que* at the beginning of an interrogative phrase, and followed by *ne* but without *pas*, signifies "why."

³ I was on the watch for you.

⁴ I am not such a fool.

⁵ comply.

⁶ This expression, in the sense of "I should take good care not to do a thing." is not correct French. *Vide* also 'L'Avare,' i. 7: "Je veux lui donner pour époux un homme aussi riche que sage; et la coquine me dit au nez qu'*elle se moque de le prendre.*"

⁷ incapable.

⁸ set me in a ferment.

⁹ recover.

SCÈNE III.

ARGUMENT.

In this charming scene between the mistress and the servant, Dorine shows herself in her true character, facetious, shrewd, and sarcastic; and Mariane appears as a young lady, amiable, timid, submissive to the will of her parents, and willing to make even the greatest sacrifices rather than disobey them. Dorine blames her silence in the presence of her father, and, making merry with her resignation in order to overcome it the better, she gives an ironical description of the felicity which will attend her in her blissful union with the good Tartuffe.

MARIANE, DORINE.

Dorine. Avez-vous donc perdu, dites-moi, la parole ?
Et faut-il qu'*en ceci je fasse votre rôle ?*[1]
Souffrir qu'on vous propose un projet insensé,
Sans que du moindre mot vous l'ayez repoussé !
   Mariane. Contre un père absolu que veux-tu que je fasse ?
   Dorine. Ce qu'il faut pour parer une telle menace.
   Mariane. Quoi ?
   Dorine. Lui dire qu'un cœur n'aime point par autrui ;
Que vous vous mariez pour vous, non pas pour lui ;
Qu'étant celle pour qui se fait toute l'affaire,
C'est à vous, non à lui, que le mari doit plaire ;
Et que si son Tartuffe est pour lui si charmant,
Il le peut épouser sans nul empêchement.
   Mariane. Un père, je l'avoue, a sur nous tant d'empire,
Que je n'ai jamais eu la force de rien dire.

---

[1] play your part on this occasion.

SCÈNE III.] LE TARTUFFE. 33

 Dorine. Mais raisonnons. Valère a fait *pour vous des pas :*¹
L'aimez-vous, je vous prie, ou ne l'aimez-vous pas?
 Mariane. Ah! qu'envers mon amour ton injustice est grande,
Dorine! me dois-tu faire cette demande?
²T'ai-je pas là-dessus ouvert cent fois mon cœur?
Et sais-tu pas *pour lui jusqu'où va mon ardeur?*³
 Dorine. Que⁴ sais-je si le cœur a parlé par la bouche,
Et si c'est tout de bon que cet amant vous touche?
 Mariane. Tu me fais un grand tort, Dorine, d'en douter;
Et mes vrais sentiments *ont su trop éclater.*⁵
 Dorine. Enfin, vous l'aimez donc?
 Mariane.   Oui, d'une ardeur extrême.
 Dorine. Et selon l'apparence il vous aime de même?
 Mariane. Je le crois.
 Dorine.   Et *tous deux brûlez également*⁶
De vous voir mariés ensemble?
 Mariane.   Assurément.
 Dorine. Sur cette autre union quelle est donc votre attente?
 Mariane. De me donner la mort, *si l'on me violente.*⁷
 Dorine. Fort bien. C'est un recours où⁸ je ne songeais pas;
Vous n'avez qu'à mourir pour sortir d'embarras.
Le remède sans doute est merveilleux. J'enrage
Lorsque j'entends tenir ces sortes de langage.

¹ some advances to gain you (that is, from your parents).
² *T'ai-je pas, &c.* In the time of Molière it was not uncommon to omit the negative particle *ne;* we have seen already *voilà-t-il pas* for *ne voilà-t-il pas,* towards the end of act i. sc. 1.
³ how far my affection for him extends.
⁴ how.
⁵ have been but too well manifested.
⁶ both of you are equally eager.
⁷ if I am forced to it
⁸ The adverb *où* should not be employed instead of the noun *auquel, à laquelle, dans lequel, dans laquelle,* except when a certain locality or tendency is expressed or implied.

D

Mariane. Mon Dieu ! *de quelle humeur,*[1] Dorine, tu te rends !
Tu ne compatis point aux déplaisirs des gens.
　Dorine. Je ne compatis point *à qui dit des sornettes,*[2]
Et dans l'occasion *mollit*[3] comme vous faites.
　Mariane. Mais que veux-tu ? si j'ai de la timidité...
　Dorine. Mais l'amour dans un cœur veut de la fermeté.
　Mariane. Mais *n'en gardé-je pas pour les feux de*[4] Valère ?
Et n'est-ce pas à lui de m'obtenir d'un père ?
　Dorine. Mais quoi ! si votre père est un *bourru fieffé,*[5]
Qui s'est de son Tartuffe *entièrement coiffé,*[6]
Et manque à l'union qu'il avait arrêtée,
La faute à votre amant doit-elle être imputée ?
　Mariane. Mais, par un haut refus et d'éclatants mépris,
Ferai-je, dans mon choix, voir un cœur trop épris ?
Sortirai-je pour lui, quelque éclat dont il brille,
De la pudeur du sexe et du devoir de fille ?
Et veux-tu que mes feux par le monde étalés...?
　Dorine. Non, non, je ne veux rien. Je vois que vous voulez
Être à Monsieur Tartuffe ; et j'aurais, *quand j'y pense,*[7]
Tort de vous détourner d'une telle alliance.
Quelle raison aurais-je à combattre vos vœux ?
Le parti de soi-même est fort avantageux.
Monsieur Tartuffe ! oh ! oh ! n'est-ce *rien*[8] qu'on propose ?
Certes, Monsieur Tartuffe, *à bien prendre la chose,*[9]

[1] how ill-humoured.
[2] one who talks nonsense.
[3] who gives way.
[4] have I wavered in my affection for.
[5] downright bear.
[6] wholly infatuated.
[7] now I think of it.
[8] something; that is, of consequence.
[9] to look at the thing in the right light.

SCÈNE III.]   LE TARTUFFE.   35

N'est pas *un homme*, non, *qui se mouche du pied*;¹
Et ce n'est pas peu d'*heur*² que d'être sa moitié.
Tout le monde déjà de gloire le couronne ;
Il est noble chez lui, bien fait de sa personne ;
Il a l'oreille rouge et le teint bien fleuri :
Vous vivrez trop contente avec un tel mari.
 Mariane. Mon Dieu !...
 Dorine. Quelle allégresse aurez-vous dans votre
   âme,
Quand d'un époux si beau vous vous verrez la femme !
 Mariane. Ah ! cesse, je te prie, un semblable discours;
Et contre cet hymen *ouvre-moi*³ du secours.
C'en est fait, je me rends, et suis prête à tout faire.
 Dorine. Non, il faut qu'une fille obéisse à son père,
*Voulût-il*⁴ lui donner un singe pour époux.
Votre sort est fort beau : de quoi vous plaignez-vous ?
Vous irez par le *coche*⁵ en sa petite ville,
Qu'en oncles et cousins vous trouverez fertile,
Et vous vous plairez fort à les entretenir.
D'abord chez le beau monde on vous fera venir.
Vous irez visiter, pour votre bien-venue,
*Madame la baillive*⁶ et *madame l'élue*,⁷
Qui d'un siége *pliant*⁸ vous feront honorer.
Là, dans le carnaval, vous pourrez espérer
Le bal et la grand'bande, *à savoir*,⁹ deux musettes,
Et parfois Fagotin¹⁰ et les marionnettes;
Si pourtant votre époux...

¹ an ordinary man.
² happiness. *Heur* is said for *bonheur*.
³ make known to me.
⁴ should he wish.   ⁵ coach.
⁶ the bailiff's wife.
⁷ the assessor's wife.
⁸ folding.   ⁹ to wit.
¹⁰ *Fagotin* is the name of a monkey famous, at that time, for his tricks and evolutions. La Fontaine has immortalized the hero in the following verses, fab. 7, liv. 7 :—

  "Un fort grand festin
  Suivi des tours de *Fagotin*."

The marionnettes were new at the same period.

Mariane.   Ah! tu me fais mourir?
De tes conseils plutôt songe à me secourir.
  Dorine. Je suis votre servante.
  Mariane.   Hé! Dorine, *de grâce*...[1]
  Dorine. Il faut, pour vous punir, que cette affaire passe.
  Mariane. Ma pauvre fille!
  Dorine.   Non.
  Mariane.   Si mes vœux déclarés...
  Dorine. Point. Tartuffe est votre homme, et *vous en tâterez.*[2]
  Mariane. Tu sais qu'à toi toujours je me suis confiée:
Fais-moi...
  Dorine. Non, vous serez, ma foi, tartuffiée.[3]
  Mariane. Hé bien! puisque mon sort ne saurait t'émouvoir,
Laisse-moi désormais toute à mon désespoir:
C'est de lui que mon cœur empruntera de l'aide;
Et je sais de mes maux l'infaillible remède.
        (*Mariane veut s'en aller.*)
  Dorine. Hé! là, là, revenez. Je quitte mon courroux.
Il faut, nonobstant tout, avoir pitié de vous.
  Mariane. Vois-tu, si l'on m'expose à ce cruel martyre,
Je te le dis, Dorine, il faudra que j'expire.
  Dorine. Ne vous tourmentez point. On peut adroitement
Empêcher... Mais voici Valère, votre amant.

---

[1] I beseech you.

[2] you shall have a taste of him. *Il ne veut plus entendre parler de procès, il n'en a que trop tâté,* "he will hear no more of lawsuits, he has had his fill of them—he has had enough of them."

[3] *Tu tuffiée.* This word, of a very happy coinage, is one which, by the laughable ideas it contains, always provokes a laugh at the representation of the piece.

SCÈNE IV.

ARGUMENT.

Valère, informed by report that Tartuffe was about to espouse Mariane, comes in haste to the object of his own affections in order to satisfy himself of the truth; he receives the unhappy confirmation, and mistakes the doubt and timidity of Mariane for coldness and neglect. They are mutually fond of each other, love burns in each with equal ardour, but now, through a misunderstanding, their jealousy is awakened: they accuse each other; they bid adieu to each other. But lovers' quarrels are but short,—reconciliation quickly follows; which, in the present instance, is ludicrously and pleasantly effected by the mediation of Dorine.

VALÈRE, MARIANE, DORINE.

Valère. On vient de débiter,[1] madame, une nouvelle
Que je ne savais pas, et qui sans doute est belle.
Mariane. Quoi?
Valère. Que vous épousez Tartuffe.
Mariane. Il est certain
Que mon père s'est mis en tête ce dessein.
Valère. Votre père, madame...
Mariane. A changé de *visée* :[2]
La chose vient par lui de m'être proposée.
Valère. Quoi! sérieusement?
Mariane. Oui, sérieusement.
Il s'est pour cet hymen déclaré hautement.
Valère. Et quel est le dessein *où*[3] votre âme *s'arrête*,[4]
Madame?
Mariane. Je ne sais.
Valère. La réponse est honnête.
Vous ne savez?

---

[1] they have just spread. [2] intention. [3] upon which. [4] is fixed

Mariane. Non.
Valère. Non ?
Mariane. Que me conseillez-vous ?
Valère. Je vous conseille, moi, de prendre cet époux.
Mariane. Vous me le conseillez ?
Valère. Oui.
Mariane. Tout de bon ?
Valère. Sans doute.
Le choix est glorieux, et *vaut bien qu'on l'écoute*.¹
Mariane. Hé bien ! c'est un conseil, monsieur, que je reçois.
Valère. Vous n'aurez pas grand' peine à le suivre, je crois.
Mariane. Pas plus qu'*à le donner*² en a souffert votre âme.
Valère. Moi, je vous l'ai donné pour vous plaire, madame.
Mariane. Et moi, je le suivrai pour vous faire plaisir.
Dorine (se retirant dans le fond du théâtre). Voyons ce qui pourra de ceci réussir.³
Valère. C'est donc ainsi qu'on aime ? et c'était tromperie Quand vous...
Mariane. Ne parlons point de cela, je vous prie ;
Vous m'avez dit tout franc que je dois accepter
Celui que pour époux on me véut présenter :
Et je déclare, moi, que je prétends le faire,
Puisque vous m'en donnez le conseil salutaire.
Valère. Ne vous excusez point sur mes intentions.
Vous aviez pris déjà vos résolutions ;
Et vous *vous saisissez*⁴ d'un prétexte frivole
Pour vous autoriser à *manquer de parole*.⁵

¹ is well worth being listened to.
² in giving it.
³ *Réussir* is here placed instead of *resulter*, which would be the proper expression.
⁴ lay hold.
⁵ break your word.

Mariane. Il est vrai, c'est bien dit.
Valère. Sans doute ; et votre cœur
N'a jamais eu pour moi de véritable ardeur.
Mariane. Hélas ! *permis à vous*[1] d'avoir cette pensée.
Valère. Oui, oui, permis à moi : mais mon âme offensée
Vous préviendra peut-être en un pareil dessein ;
Et je sais où porter et mes vœux et ma main.
Mariane. Ah ! je n'en doute point ; et les ardeurs qu'excite
Le mérite...
Valère. Mon Dieu ! laissons là le mérite ;[2]
J'en ai fort peu, sans doute, et *vous en faites foi.*[3]
Mais j'espère aux[4] bontés qu'une autre aura pour moi ;
Et j'en sais de qui l'âme, à ma *retraite*[5] ouverte,
Consentira sans honte à réparer ma perte.
Mariane. La perte n'est pas grande ; et de ce changement
Vous vous consolerez assez facilement.
Valère. J'y ferai mon possible, et vous le pouvez croire.
Un cœur qui nous oublie *engage*[6] notre gloire ;
Il faut à l'oublier *mettre*[7] aussi tous nos soins :
Si l'on *n'en vient à bout,*[8] on le doit feindre au moins ;
Et cette lâcheté jamais ne se pardonne,
De montrer de l'amour pour qui nous abandonne.
Mariane. Ce sentiment, sans doute, est noble et *relevé.*[9]
Valère. Fort bien ; et d'un chacun il doit être approuvé.
Hé quoi ! vous voudriez qu'*à jamais*[10] dans mon âme
Je gardasse pour vous les ardeurs de ma flamme,

[1] you are at liberty.
[2] *Laissons là le mérite.* In the 'Misanthrope,' iii. 7, Alceste makes to Arsinoe a similar answer:—
"Mon Dieu, *laissons mon mérite*, de grâce."
[3] you testify to it.
[4] *Aux bontés* should be *dans les bontés*.
[5] refuge.
[6] challenges.
[7] employ.
[8] does not succeed in it.
[9] elevated.
[10] for ever.

Et vous visse, à mes yeux, passer en d'autres bras,
Sans *mettre ailleurs*[1] un cœur dont vous ne voulez pas ?

Mariane. Au contraire; pour moi, c'est ce que je souhaite;
Et je voudrais déjà que la chose fût faite.

Valère. Vous le voudriez ?

Mariane. Oui.

Valère. C'est assez m'insulter,
Madame; et, de ce pas, je vais vous contenter.

(*Il fait un pas pour s'en aller.*)

Mariane. Fort bien.

Valère (*revenant*). Souvenez-vous au moins que c'est vous-même
Qui contraignez mon cœur à cet effort extrême.

Mariane. Oui.

Valère (*revenant encore*). Et que le dessein que mon âme conçoit
N'est rien qu'à votre exemple.

Mariane. A mon exemple, soit.

Valère (*en sortant*). Suffit: vous allez être *à point nommé*[2] servie.

Mariane. Tant mieux.

Valère (*revenant encore*). Vous me voyez, c'est pour toute ma vie.

Mariane. A la bonne heure.[3]

Valère (*se retournant lorsqu'il est prêt à sortir*). Hé ?

Mariane. Quoi ?

Valère. Ne m'appelez-vous pas ?

Mariane. Moi ! Vous rêvez.

Valère. Hé bien ! je poursuis donc mes pas.
Adieu, madame.

(*Il s'en va lentement.*)

[1] bestowing on another. [2] instantly.
[3] very well.

Mariane. Adieu, monsieur.

Dorine (à Mariane). Pour moi, je pense
Que vous perdez l'esprit par cette extravagance;
Et je vous ai laissés tout du long quereller,
Pour voir où tout cela pourrait enfin aller.
Holà! seigneur Valère.

(*Elle arrête Valère par le bras.*)

Valère (feignant de résister). Hé! que veux-tu, Dorine?

Dorine. Venez ici.

Valère. Non, non, le dépit me domine.
Ne me détourne point de ce qu'elle a voulu.

Dorine. Arrêtez.

Valère. Non, vois-tu, c'est un point résolu.

Dorine. Ah!

Mariane (à part). *Il souffre à me voir,*[1] ma présence le chasse; -
Et je ferai bien mieux de lui quitter la place.

Dorine (quittant Valère, et courant après Mariane). *A l'autre!*[2] Où courez-vous?

Mariane. Laisse.

Dorine. Il faut revenir.

Mariane. Non, non, Dorine; en vain tu me veux retenir.

Valère (à part). Je vois bien que ma vue est pour elle un supplice;
Et, sans doute, il vaut mieux que je l'en affranchisse.

Dorine (quittant Mariane, et courant après Valère).
Encor! *Diantre soit fait de vous!*[3] *Si, je le veux.*[4]
Cessez ce badinage; et venez çà tous deux.

(*Elle prend Valère et Mariane par la main, et les ramène.*)

Valère (à Dorine). Mais quel est ton dessein?

---

[1] he's uneasy at the sight of me.
[2] now 'tis the other's turn.
[3] the deuce take you!
[4] now, I will have it.

Mariane (*à Dorine*). Qu'est-ce que tu veux faire ?
Dorine. Vous bien *remettre*[1] ensemble, et *vous tirer d'affaire.*[2]
  (*à Valère.*)
Êtes-vous fou d'avoir un pareil démêlé ?
Valere. N'as-tu pas entendu comme elle m'a parlé ?
Dorine (*à Mariane*). Êtes-vous folle, vous, de vous être emportée ?
Mariane. N'as-tu pas vu la chose, et comme il m'a traitée ?
Dorine (*à Valère*). Sottise des deux parts. Elle n'a d'autre soin
Que de se conserver à vous, j'en suis témoin.
  (*à Mariane.*)
Il n'aime que vous seule, et n'a point d'autre envie
Que d'être votre époux ; j'en réponds sur ma vie.
Mariane (*à Valère*). Pourquoi donc me donner un semblable conseil ?
Valère (*à Mariane*). Pourquoi m'en demander sur un sujet pareil ?
Dorine. Vous êtes fous tous deux. *Çà, la main l'un et l'autre.*[3]
  (*à Valère.*)
Allons, vous.
Valère (*en donnant sa main à Dorine*). A quoi bon ma main ?
Dorine (*à Mariane*). Ah çà ! la vôtre.
Mariane (*en donnant aussi sa main*). De quoi sert tout cela ?
Dorine. Mon Dieu ! vite, avancez.
Vous vous aimez tous deux plus que vous ne pensez.
(*Valère et Mariane se tiennent quelque temps par la main sans se regarder.*)

---

[1] reconcile. [2] to set things right again. [3] come, both your hands.

Valère (*se tournant vers Mariane*). Mais ne faites donc
  point les choses avec *peine* ; [1]
Et regardez un peu les gens sans nulle haine.
  (*Mariane se tourne du côté de Valère en lui souriant.*)
  Dorine. A vous dire le vrai, les amants sont bien fous ! [2]
  Valère (*à Mariane*). Oh çà ! n'ai-je pas lieu de me
    plaindre de vous ? [3]
Et, pour n'en point mentir, n'êtes-vous pas méchante
De vous plaire à me dire une chose affligeante ?
  Mariane. Mais vous, n'êtes-vous pas l'homme le plus
    ingrat... ?
  Dorine. Pour une autre saison laissons tout ce débat,
Et songeons à parer ce fâcheux mariage.
  Mariane. Dis-nous donc quels *ressorts* [4] il faut *mettre
    en usage.* [5]
  Dorine. Nous en ferons agir de toutes les façons. [6]
    (*à Mariane.*)   (*à Valère.*)
Votre père se moque ; et ce sont des chansons.
    (*à Mariane.*)
Mais, pour vous, il vaut mieux qu'à son extravagance
D'un doux consentement vous prêtiez l'apparence,
Afin qu'en cas d'alarme il vous soit plus aisé
De *tirer en longueur* [7] cet hymen proposé.
En attrapant du temps, à tout on remédie.
Tantôt [8] vous *payerez de* [9] quelque maladie

---

[1] reluctance.
[2] La Chaussée has said in 'Mélanide,' iii. 4, "Les amants sont entre eux un peuple bien bizarre."
[3] The admiration of La Harpe here thus expresses itself: "Read once more this admirable scene in which two lovers have been just reconciled, and one of them, after peace has been ratified and sealed, utters these first words :—

  'Oh çà ! n'ai-je pas,' &c.

Read it again, and you will fall at the knees of Molière, and repeat this effusion of Sadi: 'Voilà celui qui sait comme on aime !' 'Behold a man who knows how lovers love !'"
[4] springs.
[5] set in action, employ.
[6] we must use all manner of means.
[7] protract.
[8] now.
[9] will put him off with (or, allege as an excuse). *See* page 65.

Qui viendra tout à coup, et voudra des délais;
Tantôt¹ vous payerez de présages mauvais;
Vous aurez fait d'un *mort*² la rencontre fâcheuse,.
Cassé quelque miroir, ou *songé d*³ *'eau bourbeuse;*
Enfin, *le bon de tout,*⁴ c'est *qu'à d'autres qu'à lui*⁵
On ne vous peut lier, que vous ne disiez oui.
Mais, pour mieux réussir, il est bon, ce me semble,
Qu'on ne vous trouve point tous deux parlant ensemble.
(*à Valère.*)
Sortez; et, sans tarder, employez vos amis
Pour vous faire tenir ce qu'on vous a promis.
Nous allons réveiller les efforts de son frère,
Et dans notre parti jeter la belle-mère.
Adieu.

Valère (*à Mariane*). Quelques efforts que nous préparions tous,
Ma plus grande espérance, à vrai dire, est en vous.

Mariane (*à Valère*). Je ne vous réponds pas des volontés d'un père;
Mais je ne serai point à d'autre qu'à Valère.

Valère. Que vous *me comblez d'aise!*⁶ Et, *quoi que puisse*⁷ oser...

Dorine. Ah! jamais les amants ne sont las de jaser.
Sortez, vous dis-je.

Valère (*revenant sur ses pas*). Enfin...

Dorine. Quel caquet est le vôtre!
Tirez⁸ de cette part; et vous, tirez de l'autre.
(*Dorine les pousse chacun par l'épaule, et les oblige de se séparer.*)

¹ now.	² corpse.	⁶ fill me with joy.
³ dreamt of.	⁴ the best of all.	⁷ whatever may.
⁵ to any other but him.		⁸ *Tirez* is said for *retirez-vous.*

FIN DU DEUXIÈME ACTE.

ACTE TROISIÈME.

SCÈNE I.

ARGUMENT.

Damis, indignant at Tartuffe, gives way to all the impetuosity of his temper, but is exhorted by Dorine to moderate his resentment; and, at the same time, is made acquainted that Elmire is about to have a private interview with Tartuffe, in the very apartment where they are, in order to discover his sentiments regarding the marriage of Mariane and Valère. At the sound of the hypocrite's voice, Dorine begs Damis to retire, but curiosity prompts him to conceal himself in an adjoining closet, where he may overhear all the conversation.

DAMIS, DORINE.

Damis. Que¹ la foudre, sur l'heure, achève mes destins,
Qu'on me traite² partout du plus grand des *faquins*,³
S'il est aucun respect, ni pouvoir qui m'arrête,
Et si je ne fais pas quelque *coup de ma tête !*⁴
Dorine. De grâce, modérez un tel emportement:
Votre père n'a fait qu'en parler simplement.
On n'exécute pas tout ce qui se propose;
Et le chemin est long du projet à *la chose.*⁵

---

¹ may.
² may I be called.
³ scoundrels.
⁴ desperate act. Damis, with the natural impetuosity of youth, believing that violence alone was requisite to get rid of Tartuffe, commits, in the course of the piece, acts of imprudence which only give the hypocrite a greater ascendency. Yet nothing is more natural than the character of this young man; the hypocrisy and cant of religion are for the most part so much at variance with youth, that we are not surprised to see his prejudice against Tartuffe, even before he is acquainted with his perfidy and ingratitude.
⁵ the thing itself (that is, the completion of it).

Damis. Il faut que de ce fat j'arrête les complots,
Et qu'à l'oreille un peu je lui dise deux mots.

Dorine. Ah! *tout doux!*[1] envers lui, comme envers votre père,
Laissez agir les soins de votre belle-mère.
Sur l'esprit de Tartuffe elle a quelque *crédit ;*[2]
Il se rend complaisant à tout ce qu'elle dit,
Et pourrait bien avoir douceur de cœur pour elle.
Plût à Dieu[3] qu'il fût vrai! la chose serait belle.
Enfin, votre intérêt *l'oblige à le mander :*[4]
Sur l'hymen qui vous trouble elle veut le sonder,
Savoir ses sentiments, et lui faire connaître
Quels fâcheux démêlés il pourra *faire naître,*[5]
S'il faut qu'à ce dessein il prête quelque espoir.
Son valet dit qu'il prie, et je n'ai pu le voir ;
Mais ce valet m'a dit qu'*il s'en allait descendre.*[6]
Sortez donc, je vous prie, et me laissez l'attendre.

Damis. Je puis être présent à tout cet entretien.

Dorine. Point. Il faut qu'ils soient seuls.

Damis. Je ne lui dirai rien.

Dorine. Vous vous moquez : on sait vos transports ordinaires ;
Et c'est le vrai moyen *de gâter*[7] les affaires.
Sortez.

Damis. Non ; je veux voir, sans me mettre en courroux.

Dorine. Que vous êtes fâcheux! Il vient. Retirez-vous.
(*Damis va se cacher dans un cabinet qui est au fond du théâtre.*)

---

[1] gently.   [2] influence.   [5] produce.
[3] would to Heaven.   [6] he was about to come down.
[4] obliges her to send for him.   [7] of marring.

SCÈNE II.

ARGUMENT.

At length Tartuffe enters; his very first words are characteristic and striking, and his affectation of modesty before Dorine is truly comic. The arch girl reproves him in language sufficiently profane, which so shocks him that he threatens to withdraw; but Dorine, after telling him that Elmire desires an interview with him, leaves him to await her arrival.

TARTUFFE, DORINE.

Tartuffe (parlant haut à son valet, qui est dans la maison, dès qu'il aperçoit Dorine). Laurent, serrez ma *haire*[1] avec ma *discipline*,[2]
Et priez que toujours le ciel vous illumine.
Si l'on vient pour me voir, je vais *aux*[3] prisonniers
Des aumônes que j'ai partager *les deniers*.[4]
  Dorine (à part). Que d'affectation et de *forfanterie!*[5]
  Tartuffe. Que voulez-vous ?
  Dorine.   Vous dire...
  Tartuffe (tirant un mouchoir de sa poche). Ah! mon Dieu! je vous prie,
Avant que de parler, prenez-moi ce mouchoir.
  Dorine. Comment!
  Tartuffe.   Couvrez ce sein que je ne saurais voir.
Par de pareils objets les âmes sont blessées,
Et cela *fait venir de*[6] coupables pensées.
  Dorine. Vous êtes donc bien *tendre*[7] à la tentation,
Et la chair sur vos sens fait grande impression !

---

[1] sackcloth. [2] scourge. [3] amongst. [4] the money.
[5] cant. [6] gives rise to. [7] sensible.

Certes, je ne sais pas quelle chaleur vous monte :
Mais à *convoiter*,[1] moi, je ne suis point si prompte ;
Et je vous verrais nu, du haut jusques en bas,
Que toute votre peau ne me tenterait pas.
  Tartuffe. Mettez dans vos discours un peu de modestie,
Ou je vais sur-le-champ *vous quitter la partie.*[2]
  Dorine. Non, non, c'est moi qui vais vous laisser en
  repos,
Et je n'ai seulement qu'à vous dire deux mots.
Madame va venir dans cette salle basse,
Et d'un mot d'entretien vous demande la grâce.
  Tartuffe. Hélas ! très-volontiers.
  Dorine (à part).   Comme il se radoucit !
Ma foi, *je suis toujours pour*[3] ce que j'en ai dit.
  Tartuffe. Viendra-t-elle bientôt ?
  Dorine.   Je l'entends, ce me semble.
Oui, c'est elle en personne, et je vous laisse ensemble.

SCÈNE III.

ARGUMENT TO SCENES III. & IV.

Elmire appears, and Tartuffe introduces the subject of his attachment to her; his language is couched in Mysticism, exhibiting a strange compound of the sacred and profane; and he winds up with an assurance which he deems most effectual to remove the scruples of Elmire, viz., that of inviolable secrecy; but Elmire, whose virtue is firm, though she is given to an innocent coquetry which is not averse to homage, and who, besides, had her reasons for keeping fair with Tartuffe, listens to him with seeming complaisance, and promises to keep his declaration from Orgon. Damis, emerging from his hiding-place, interrupts the soft rhetoric of the hypocrite; and, indignant at what he had heard, threatens to reveal the whole

---

[1] to hanker after—covet. Prov. [2] quit you. [3] I maintain
qui tout convoite tout perd.

to his father, notwithstanding the dissuasion of Elmire, who is desirous that secrecy may be maintained in order that she may preserve her advantage over the impostor.

ELMIRE, TARTUFFE.

Tartuffe. Que le ciel à jamais, par sa toute bonté,
Et de l'âme et du corps vous donne la santé,
Et bénisse vos jours autant que le désire
Le plus humble de ceux que son amour inspire !
Elmire. Je suis fort obligée à ce souhait pieux.
Mais prenons une chaise, afin d'être un peu mieux.
Tartuffe (*assis*). Comment de votre mal vous sentez-
    vous *remise ?*[1]
Elmire (*assise*). Fort bien; et cette fièvre a bientôt
    quitté prise.
Tartuffe. Mes prières n'ont pas le mérite qu'il faut
Pour avoir attiré cette grâce *d'en haut ;*[2]
Mais je n'ai fait au ciel nulle dévote *instance*[3]
Qui n'ait eu pour objet votre convalescence.
Elmire. Votre zèle pour moi s'est trop inquiété.
Tartuffe. On ne peut trop chérir votre chère santé ;
Et, pour la rétablir, j'aurais donné la mienne.
Elmire. C'est pousser bien avant la charité chré-
    tienne ;
Et *je vous dois beaucoup*[4] pour toutes ces bontés.
Tartuffe. Je fais bien moins pour vous que vous ne
    méritez.
Elmire. J'ai voulu vous parler en secret d'une affaire,
Et suis bien aise, ici, qu'aucun ne nous *éclaire.*[5]

---

[1] recovered.   [2] from above.   [3] supplication.   [4] I am much indebted to you.   [5] observes. Éclairer was, in the time of Molière, used for *observer*, or *espionner*. This use is now obsolete: we have still *éclaireur*, "a scout": *aller en éclaireur*.

Tartuffe. J'en suis ravi de même; et, sans doute, il m'est doux,
Madame, de me voir seul à seul avec vous.
C'est une occasion qu'au ciel j'ai demandée,
Sans que, jusqu'à cette heure, il me l'ait accordée.
    Elmire. Pour moi, ce que je veux, c'est un mot d'entretien,
Où *tout votre cœur s'ouvre,*[1] et ne me cache rien.
(*Damis, sans se montrer, entr'ouvre la porte du cabinet dans lequel il s'était retiré, pour entendre la conversation.*)
    Tartuffe. Et je ne veux aussi, pour grâce singulière,
Que montrer à vos yeux mon âme tout entière,
Et vous faire serment que les bruits que j'ai faits
Des visites qu'ici reçoivent vos attraits
Ne sont pas[2] envers vous l'effet d'aucune haine,
Mais plutôt d'un transport de zèle qui m'entraîne,
Et d'un pur mouvement...
    Elmire.   Je le prends bien ainsi,
Et crois que mon salut vous donne ce souci.
    Tartuffe (*prenant la main d'Elmire, et lui serrant les doigts*). Oui, madame, sans doute; et ma ferveur est telle...
    Elmire. Ouf! vous me serrez trop.
    Tartuffe.   C'est par excès de zèle.
De vous faire aucun mal je n'eus jamais dessein,
Et *j'aurais bien plutôt...*[3]
        (*Il met la main sur les genoux d'Elmire.*)
    Elmire.   Que fait là votre main?
    Tartuffe. Je tâte votre habit: l'étoffe en est *moelleuse.*[4]
    Elmire. Ah! de grâce, laissez, je suis fort chatouilleuse.
(*Elmire recule son fauteuil, et Tartuffe se rapproche d'elle.*)

[1] all your heart may open.
[2] The *pas* is unnecessary here.
[3] I had much rather.
[4] soft.

Tartuffe (maniant le fichu d'Elmire). Mon Dieu! que de
　ce *point*[1] l'ouvrage est merveilleux!
On travaille *aujourd'hui*[2] d'un *air*[3] miraculeux:
Jamais, en toute chose, on n'a vu si bien faire.
　Elmire. Il est vrai. Mais parlons un peu de notre affaire.
On *tient*[4] que mon mari veut *dégager sa foi,*[5]
Et vous donner sa fille. Est-il vrai? dites-moi.
　Tartuffe. Il *m'en a dit deux mots;*[6] mais, madame, à
　　vrai dire,
Ce n'est pas le bonheur après quoi[7] je soupire;
Et je vois autre part les merveilleux attraits
De la félicité qui *fait*[8] tous mes souhaits.
　Elmire. C'est que vous n'aimez rien des choses de la
　　terre.
　Tartuffe. Mon sein n'enferme point un cœur qui soit
　　de pierre.
　Elmire. Pour moi, je crois qu'au ciel tendent tous vos
　　soupirs,
Et que rien ici-bas n'arrête vos désirs.
　Tartuffe. L'amour qui nous attache aux beautés éter-
　　nelles
N'étouffe pas en nous l'amour des temporelles:
Nos sens facilement peuvent être charmés
Des ouvrages parfaits que le ciel a formés.
Ses attraits réfléchis brillent dans *vos pareilles;*[9]
Mais il étale en vous ses plus rares merveilles;
Il a sur votre face épanché des beautés
Dont[10] les yeux sont surpris, et les cœurs transportés;
Et je n'ai pu vous voir, parfaite créature,
Sans admirer en vous l'auteur de la nature,

---

[1] lace.
[2] now-a-days.
[3] manner. [4] they say.
[5] to retract his promise.
[6] dropped the matter to me.
[7] for *après lequel.* Molière's objection to the word *lequel* is extraordinary.
[8] is the object of.
[9] such as you. [10] at which.

Et d'une ardent amour¹ sentir mon cœur atteint,
Au² plus beau des portraits où lui-même s'est peint.
*D'abord*³ j'appréhendai que cette ardeur secrète
*Ne fût*⁴ du noir esprit une surprise adroite ;
Et même à fuir vos yeux mon cœur se résolut,
Vous croyant un obstacle à faire mon salut.
Mais enfin je connus, ô beauté tout aimable,
Que cette passion peut n'être point coupable,
Que je puis *l'ajuster avecque la pudeur ;*⁵
Et c'est ce qui m'y fait abandonner mon cœur.
Ce m'est, je le confesse, une audace bien grande
Que d'oser de ce cœur *vous adresser l'offrande ;* ⁶
Mais j'attends en mes vœux tout de votre bonté,
Et rien des vains efforts de mon infirmité.
En vous est mon espoir, mon bien, ma quiétude ;
De vous dépend ma peine ou ma béatitude ;
Et je vais être enfin, par votre seul arrêt,
Heureux, si vous voulez ; malheureux, s'il vous plaît.

Elmire. La déclaration est tout à fait galante ;
Mais elle est, à vrai dire, *un peu bien surprenante.*⁷
Vous deviez, ce me semble, armer mieux votre sein,
Et *raisonner*⁸ un peu sur un pareil dessein.
Un dévot comme vous, et *que partout on nomme...*⁹

Tartuffe. ¹⁰ Ah ! pour être dévot, je n'en suis pas moins homme :

---

¹ *amour* was of the feminine gender till the end of the seventeenth century : it is now masculine in the singular, and feminine in the plural.
² For *à la vue du,* "at the sight of."
³ at first.
⁴ might be.
⁵ reconcile it with modesty. *Avecque,* poetical for *avec.*
⁶ to present you the offering.
⁷ somewhat surprising.
⁸ reflect.
⁹ whose name is everywhere cited.

¹⁰ *Ah ! pour être dévot, &c.* This verse is considered, by some, a parody of a line in Corneille's 'Sertorius,' iv. 1. :—

" Et pour être Romain, je n'en suis pas moins homme."

But others, who are unwilling to believe that Molière used Corneille in the same manner as Aristophanes did Euripides, trace it to Boccaccio : —

" Come che io sia abbate, io sono uomo come gli altri," &c.

Et, lorsqu'on vient à voir vos célestes appas,
Un cœur *se laisse prendre*,¹ et ne raisonne pas.
Je sais qu'un tel discours de moi paraît étrange :
Mais, madame, après tout, je ne suis pas un ange ;
Et, si vous condamnez l'aveu que je vous fais,
Vous devez *vous en prendre*² à vos charmants attraits.
Dès que j'en vis briller la splendeur plus qu'humaine,
De mon *intérieur*³ vous fûtes souveraine ;
De vos regards divins l'ineffable douceur
Força la résistance où s'obstinait mon cœur ;
Elle surmonta tout, jeûnes, prières, larmes,
Et tourna tous mes vœux du côté de vos charmes.
Mes yeux et mes soupirs vous l'ont dit mille fois ;
Et, pour mieux m'expliquer, j'emploie ici la voix.
Que si⁴ vous contemplez, d'une âme un peu bénigne,
Les tribulations de votre esclave indigne ;
S'il faut que vos bontés veuillent me consoler,
Et jusqu'à mon *néant*⁵ daignent *se ravaler*,⁶
J'aurai toujours pour vous, ô suave merveille,
Une dévotion à nulle autre pareille.
Votre honneur avec moi ne court point de hasard,
Et n'a nulle disgrâce à craindre de ma part.
Tous ces galants de cour, *dont*⁷ les femmes sont folles,
Sont bruyants dans leurs faits et vains dans leurs
    paroles ;
De leurs progrès sans cesse on les voit *se targuer* ;⁸
Ils n'ont point de faveur qu'ils n'aillent divulguer ;
Et leur langue indiscrète, en qui l'on se confie,
Déshonore l'autel où leur cœur sacrifie.
Mais les gens comme nous brûlent d'un feu discret,

¹ is easily won.
² to attribute it. ³ soul.
⁴ *Que si* has the same meaning as *et si*, and if.
⁵ insignificance.
⁶ to lower itself.
⁷ for whom.
⁸ pride themselves. *Il se targue de sa noblesse*, "he plumes himself on his nobility."

Avec qui,¹ pour toujours, on est sûr du secret.
Le soin que nous prenons de notre renommée
Répond de toute chose ² à la personne aimée ;
Et c'est en nous qu'on trouve, acceptant notre cœur,
De l'amour sans scandale, et du plaisir sans peur.

 Elmire. Je vous écoute dire ; et votre rhétorique
En termes assez forts à mon âme s'explique.
N'appréhendez-vous point *que je ne sois d'humeur* ³
A dire à mon mari cette galante ardeur,
Et que le prompt avis d'un amour de la sorte
Ne pût bien ⁴ altérer l'amitié qu'il vous porte ?

 Tartuffe. Je sais que vous avez trop de bénignité,
Et que vous *ferez grâce à* ⁵ ma témérité ;
Que vous m'excuserez *sur* ⁶ l'humaine faiblesse,
Des violents transports d'un amour qui vous blesse,
Et considérerez, en regardant votre air,
Que l'on n'est pas aveugle, et qu'un homme est de chair.

 Elmire. D'autres prendraient cela d'autre façon peut-être ;
Mais ma discrétion se veut faire paraître ;
Je ne redirai point l'affaire à mon époux ;
Mais je veux, en revanche, une chose de vous :
C'est de presser tout franc, et sans nulle chicane,
L'union de Valère avecque ⁷ Mariane,
De renoncer vous-même à l'injuste pouvoir
Qui veut du bien d'un autre enrichir votre espoir ;
Et...

---

¹ for *avec lequel*. The antecedent is *feu*.
² is a perfect security.
³ that I may be disposed.
⁴ might possibly.
⁵ will pardon.
⁶ in consideration of, on account of. "Je vous excusai fort sur votre intention." (Mis. iii. 5.)
⁷ poetically for *avec*.

SCÈNE IV.

ELMIRE, DAMIS, TARTUFFE.

Damis (sortant du cabinet où il s'était retiré). Non,
    madame, non ; ceci *doit se répandre.*¹
J'étais en cet endroit, d'où j'ai pu tout entendre ;
Et la bonté du ciel m'y semble avoir conduit
Pour confondre l'orgueil d'un traitre qui me nuit,
Pour m'ouvrir une voie à prendre la vengeance
De son hypocrisie et de son insolence,
A détromper mon père, et lui *mettre en plein jour* ²
L'âme d'un scélérat qui vous parle d'amour.
    Elmire. Non, Damis ; il suffit qu'il se rende plus sage,
Et tâche à mériter la-grâce où je m'engage.
Puisque je l'ai promis, *ne m'en dédites pas.*³
Ce n'est point mon humeur *de faire des éclats* ; ⁴
Une femme se rit de sottises pareilles,
Et jamais d'un mari n'en trouble les oreilles.
    Damis. Vous avez vos raisons *pour en user* ⁵ ainsi ;
Et pour faire autrement j'ai les miennes aussi.
Le vouloir épargner est une raillerie ;
Et l'insolent orgueil de sa cagoterie
N'a triomphé que trop de mon juste courroux,
Et que trop excité de désordres chez nous.
Le fourbe trop longtemps a gouverné mon père,
Et *desservi* ⁶ mes feux *avec ceux* ⁷ de Valère.
Il faut que du perfide il soit désabusé ;
Et le ciel pour cela m'offre un moyen aisé.

¹ must be divulged.
² fully expose.
³ do not contradict me.
⁴ to raise scandal.
⁵ to act.
⁶ opposed, thwarted.
⁷ as well as that.

De cette occasion je lui suis redevable,
Et, pour la négliger, elle est trop favorable :
Ce serait mériter qu'*il*[1] me la vint ravir
Que *de l'avoir en main*[2] et ne m'en pas servir.
  Elmire. Damis...
  Damis. Non, s'il vous plaît, il faut que je me croie.
Mon âme est maintenant au *comble*[3] de sa joie ;
Et vos discours en vain prétendent m'obliger
A quitter le plaisir de me pouvoir venger.
Sans aller plus avant, je vais *vider*[4] l'affaire ;
Et voici justement de quoi me satisfaire.

SCÈNE V.

ARGUMENT TO SCENES V. & VI.

Orgon comes, and the impetuous Damis unfolds, without reserve, the treachery of the hypocrite, while he blames the excessive indulgence of Elmire, who, after a brief apology, withdraws. The artful impostor, instead of resorting to a formal denial, with feigned humility loads himself with blame and reproaches ; and, by this artifice, at once lulls Orgon's suspicion. The father treats his son as a calumniator ; and, in spite of the supplications of Tartuffe, who feigns to plead in his behalf, banishes him from his presence, threatening to disinherit him, and giving him his malediction.

ORGON, ELMIRE, DAMIS, TARTUFFE.

  Damis. Nous allons *régaler*,[5] mon père, votre abord
D'un incident tout frais qui vous surprendra fort.
Vous êtes bien payé de toutes vos caresses,
Et monsieur d'un beau prix reconnaît vos tendresses.

---

[1] *Il* refers to *le ciel* three lines above.   [2] to have it in my possession.
   [3] height.   [4] settle.   [5] welcome.

Son grand zèle pour vous *vient de se déclarer* :²
*Il ne va pas à moins*² qu'à vous déshonorer ;
Et je l'ai surpris là qui faisait à madame
L'injurieux aveu d'une coupable flamme.
Elle est d'une humeur douce, et son cœur trop discret
Voulait *à toute force*³ en garder le secret ;
Mais je ne puis flatter une telle impudence,
Et crois que vous la taire est vous faire une offense.

    Elmire. Oui, je *tiens*⁴ que jamais de tous ces vains propos
On ne doit d'un mari traverser le repos ;
Que ce n'est point de là que l'honneur peut dépendre ;
Et qu'il suffit pour nous de savoir nous défendre.
Ce sont mes sentiments ; et vous n'auriez rien dit,
Damis, si j'avais eu sur vous quelque *crédit*.⁵

SCÈNE VI.

ORGON, DAMIS, TARTUFFE.

    Orgon. *Ce que je viens d'entendre*,⁶ ô ciel ! est-il croyable ?
    Tartuffe. ⁷Oui, mon frère, je suis un méchant, un coupable,
Un malheureux pécheur, tout plein d'iniquité,
Le plus grand scélérat qui jamais ait été.

---

1 has just declared itself.
2 it aims at nothing less.
3 by all means.
4 maintain.
5 influence.
6 what I have just heard.
7 *Oui, mon frère, &c.* The idea of this excellent scene is taken from a tragi-comic novel, by Scarron, entitled 'The Hypocrite.' The diabolical character of Tartuffe shows itself here in its broadest light; he is the true Tartuffe throughout ; he is never disconcerted ; he knows Orgon's weak side, and, acting accordingly, escapes from the greatest embarrassment in the only way by which he could succeed.

Chaque instant de ma vie est chargé de souillures ;
Elle n'est qu'un amas de crimes et d'*ordures* ;[1]
Et je vois que le ciel, pour ma punition,
Me veut mortifier en cette occasion.
De quelque grand forfait qu'on me puisse *reprendre*,[2]
Je n'ai garde[3] d'avoir l'orgueil de m'en défendre.
Croyez ce qu'on vous dit, armez votre courroux,
Et comme un criminel chassez-moi de chez vous ;
Je ne saurais avoir tant de honte *en partage*,[4]
Que[5] je n'en aie encor mérité davantage.

    Orgon (*à son fils*). Ah ! traître, oses-tu bien, par cette fausseté,
Vouloir de sa vertu ternir la pureté ?

    Damis. Quoi ! la feinte douceur de cette âme hypocrite
Vous fera *démentir*...[6]

    Orgon.   Tais-toi, peste maudite.

    Tartuffe. Ah ! laissez-le parler ; vous l'accusez *à tort*,[7]
Et vous ferez bien mieux de croire à son rapport.
Pourquoi sur un tel fait m'être si favorable ?
Savez-vous, après tout, de quoi je suis capable ?
Vous fiez-vous, mon frère, à mon extérieur ?
Et, pour tout ce qu'on voit, me croyez-vous meilleur ?
Non, non : vous vous laissez tromper à l'apparence ;
Et je ne suis rien moins, hélas ! que ce qu'on pense.
Tout le monde me prend pour un homme de bien ;
Mais la vérité pure est que je ne vaux rien.

    (*s'adressant à Damis.*)
Oui, mon cher fils, parlez ; *traitez-moi de*[8] perfide,
D'infâme, *de perdu*,[9] de voleur, d'homicide ;

---

[1] corruption, from the old Fr. adjective *ord*, "dirty," from the Latin *sordidus*. Pascal uses the word in the singular in the same sense :— "Que le cœur de l'homme est creux et plein d'*ordure*."

[2] accuse.
[3] I am far.
[4] to my lot.
[5] as that.
[6] gainsay.
[7] wrongfully.
[8] call me.
[9] an abandoned wretch.

Accablez-moi de noms encor plus détestés :
Je n'y contredis point, je les ai mérités ;
Et j'en veux à genoux souffrir l'ignominie,
Comme une honte due aux crimes de ma vie.
    Orgon (*à Tartuffe*).   (*à son fils*).
Mon frère, c'en est trop. Ton cœur ne *se rend*[1] point,
Traître !
    Damis. Quoi ! ses discours vous séduiront au point...
    Orgon (*relevant Tartuffe*).
Tais-toi, pendard. Mon frère, hé ! levez-vous, de grâce.
        (*à son fils.*)
Infâme !
    Damis. Il peut...
    Orgon.   Tais-toi.
    Damis.   J'enrage. Quoi ! je passe...
    Orgon. Si tu dis un seul mot, je te romprai les
        bras.
    Tartuffe. Mon frère, au nom de Dieu, ne vous emportez pas !
J'aimerais mieux souffrir la peine la plus dure,
Qu'il eût reçu pour moi la moindre égratignure.
    Orgon (*à son fils*). Ingrat !
    Tartuffe. Laissez-le en paix. S'il faut, à deux genoux,
Vous demander sa grâce...
    Orgon (*se jetant aussi à genoux et embrassant Tartuffe*).
                      Hélas ! vous moquez-vous ?
        (*à son fils.*)
Coquin, vois sa bonté !
    Damis.   Donc...
    Orgon.   Paix.
    Damis.   Quoi ! je...
    Orgon.   Paix, dis je :
Je sais bien quel motif à l'attaquer t'oblige.

[1] reient.

Vous le haïssez tous ; et je vois aujourd'hui
Femme, enfants, et valets, *déchaînés contre lui.*[1]
On met impudemment toute chose en usage
Pour ôter de chez moi ce dévot personnage :
Mais *plus*[2] on fait d'efforts afin de l'en bannir,
Plus j'en veux employer à l'y mieux retenir ;
Et je vais me hâter de lui donner ma fille,
Pour confondre l'orgueil de toute ma famille.

   Damis. A recevoir sa main on pense l'obliger ?

   Orgon. Oui, traître, et *dès ce soir,*[3] pour vous faire enrager.

Ah ! je vous *brave*[4] tous, et vous ferai connaître
Qu'il faut qu'on m'obéisse, et que je suis le maître.
Allons, *qu'on se rétracte ;*[5] et qu'à l'instant, fripon,
On se jette à ses pieds pour demander pardon.

   Damis. Qui ? moi ! de ce coquin, qui, par ses impostures...

   Orgon. Ah ! tu résistes, gueux, et *lui dis des injures !*[6]
              (*à Tartuffe.*)

Un bâton ! un bâton ! Ne me retenez pas.
   (*à son fils.*)
Sus ; *que de ma maison on sorte de ce pas,*[7]
Et que d'y revenir on n'ait jamais l'audace.

   Damis. Oui, je sortirai ; mais...

   Orgon.   Vite, quittons la place.
Je te prive, pendard, de ma succession,
Et te donne, de plus, ma malédiction.

---

[1] let loose upon him.
[2] the more.
[3] this very evening.
[4] defy.
[5] retract your calumny.
[6] abuse him.
[7] out of my house this instant.

SCÈNE VII.

ARGUMENT.

We now behold Tartuffe in company with Orgon, the dupe of his subtlety. What perfidious address on the part of the hypocrite! How well he knows the weakness of Orgon, and the means of keeping him in his blind infatuation! Fearing lest Elmire should break silence, and her husband should give credence to her report, he endeavours, by every art, to anticipate the result; he urges the necessity of withdrawing from the house, all the more in proportion as Orgon opposes it. The scene concludes with the determination, on the part of Orgon, to put Tartuffe in possession of his estate, as well as to give him the hand of his daughter.

ORGON, TARTUFFE.

Orgon. Offenser *de la sorte*[1] une sainte personne!
Tartuffe. O ciel, pardonne-lui comme je lui pardonne![2]
  (*à Orgon.*)
Si vous pouviez savoir avec quel déplaisir
Je vois qu'*envers*[3] mon frère on tâche à[4] me noircir...
  Orgon. Hélas!
  Tartuffe.   Le seul penser[5] de cette ingratitude
Fait souffrir à mon âme un supplice si rude...
L'horreur que j'en conçois... J'ai le cœur si *serré*,[6]
Que je ne puis parler, et crois que j'en mourrai.

---

[1] In this manner.
[2] It is this line, in particular, which had drawn upon Molière the animadversions of some scrupulous individuals, who had thought it a parody of the petition in the Lord's Prayer; for this reason, it was changed in some editions into *par-donne-lui la douleur qu'il me donne*.
[3] In the eyes of.
[4] *à* for *de*.
[5] *Le seul penser*, for *la seule pensée*, is an obsolete expression: *que ce penser soit véritable* is found in 'Amph.' iii. iv.
[6] oppressed, or full.

Orgon (*courant tout en larmes à la porte par où il a chassé son fils*).

Coquin ! je me repens que ma main t'ait fait grâce,
Et ne t'ait pas d'abord *assommé*[1] sur la place.
        (*à Tartuffe.*)
Remettez-vous, mon frère, et ne vous fâchez pas.
  Tartuffe. Rompons, rompons le cours de ces fâcheux débats.
Je regarde céans quels grands troubles j'apporte,
Et crois qu'il est besoin, mon frère, *que j'en sorte.*[2]
  Orgon. Comment ! vous moquez-vous ?
  Tartuffe.   On m'y hait, et je voi
Qu'on cherche à vous donner des soupçons de ma foi.
  Orgon. Qu'importe ? Voyez-vous que mon cœur les écoute ?
  Tartuffe. On ne manquera pas de poursuivre,[3] sans doute ;
Et ces mêmes rapports qu'ici vous rejetez
Peut-être une autre fois seront-ils écoutés.
  Orgon. Non, mon frère, jamais.
  Tartuffe.   Ah ! mon frère, une femme
Aisément d'un mari peut bien *surprendre l'âme.*[4]
  Orgon. Non, non.
  Tartuffe.   Laissez-moi vite, en m'éloignant d'ici,
Leur ôter tout sujet de m'attaquer ainsi.
  Orgon. Non, vous demeurerez ; *il y va de ma vie.*[5]
  Tartuffe. Hé bien ! il faudra donc que je me mortifie.
Pourtant, si vous vouliez...
  Orgon.   Ah !
  Tartuffe.   Soit : n'en parlons plus.
Mais je sais comme il faut *en user là-dessus.*[6]

---

[1] knocked down.
[2] that I go hence.
[3] *Poursuivre* here signifies "to continue," "to persevere."
[4] influence the mind.
[5] my life is at stake in it.
[6] to act in this matter.

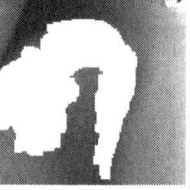

L'honneur est délicat, et l'amitié *m'engage*[1]
A prévenir les bruits et les sujets d'ombrage.
Je fuirai votre épouse, et vous ne me verrez...
   Orgon. Non, en dépit de tous vous la fréquenterez.
Faire enrager le monde est ma plus grande joie;
Et je veux qu'à toute heure avec elle on vous voie.
Ce n'est pas tout encor :[2] pour les mieux braver tous,
Je ne veux point avoir d'autre héritier que vous;
Et je vais, de ce pas, *en fort bonne manière,*[3]
Vous faire de mon bien donation entière.
Un bon et franc ami, que pour gendre je prends,
M'est bien plus cher que fils, que femme, et que parents.
N'accepterez-vous pas ce que je vous propose ?
   Tartuffe. La volonté du ciel soit faite en toute chose !
   Orgon. ⁴Le pauvre homme ! Allons vite *en dresser*[5] un
      écrit :
Et que puisse l'envie *en crever de*[6] dépit !

---

[1] compels me.
[2] nor is this all.
[3] in due form.
[4] *Le pauvre homme !* This exclamation is very happily repeated here. In proportion as Tartuffe shows himself more detestable, Orgon is the more infatuated with him, and he will not be satisfied till he has enriched his dear Tartuffe, and thus excited, to the highest pitch, the jealousy of his family.
[5] draw up.
[6] burst with.

FIN DU TROISIÈME ACTE.

ACTE QUATRIÈME.

SCÈNE I.

ARGUMENT.

Cléante pleads the cause of Damis before Tartuffe, who, with artful implacability, turns the whole affair to his own advantage; his arguments amount to this: "The interest of Heaven demands the departure of Damis from his father's house, lest the world should say that he (Tartuffe) has his reasons for being reconciled to him." Thus the reputation of the insidious villain is the interest of Heaven! The serpent, at length, after long struggling in vain against an enemy who gains more and more strength, slips, as it were, out of his hands, leaving Cléante in a kind of amazement, and apparently regretting the vigour with which he had pressed the attack.

CLÉANTE, TARTUFFE.

Cléante. Oui, tout le monde en parle, et vous *m'en pouvez croire.*[1]
L'éclat[2] que fait ce bruit n'est point à votre *gloire*;[3]
Et je vous ai trouvé, monsieur, fort à propos
Pour vous en dire *net*[4] ma pensée en deux mots.
Je n'examine point *à fond*[5] ce qu'on expose;
Je passe là-dessus,[6] et prends au pis la chose.[7]
Supposons que Damis *n'en ait pas bien usé,*[8]
Et que ce soit à tort qu'on vous ait accusé;
N'est-il pas d'un chrétien de pardonner l'offense,
Et d'éteindre en son cœur tout désir de vengeance?

---

[1] can take my word for it.
[2] the scandal.
[3] honour.
[4] candidly.
[5] thoroughly.
[6] I overlook that.
[7] *Prendre, mettre les choses au pis,* "to suppose the worst."
[8] did not behave well.

Et devez-vous souffrir, *pour votre démêlé*,[1]
Que du logis d'un père un fils soit exilé?
Je vous le dis encore, et parle avec franchise,
Il n'est petit ni grand qui ne s'en scandalise;
Et, si vous m'en croyez, vous pacifierez tout,
Et ne pousserez point les affaires *à bout*.[2]
Sacrifiez à Dieu toute votre colère,
Et remettez le fils en grâce avec le père.

Tartuffe. Hélas! je le voudrais, *quant à moi*,[3] de bon cœur;
Je ne garde pour lui, monsieur, aucune aigreur;
Je lui pardonne tout; de rien je ne le blâme,
Et voudrais le servir du meilleur de mon âme:
Mais l'intérêt du ciel n'y saurait consentir;
Et, s'il rentre céans, c'est à moi d'en sortir.
Après son action, qui n'eut jamais d'égale,
Le commerce entre nous porterait[4] du scandale:
Dieu sait ce que *d'abord*[5] tout le monde en croirait!
A pure politique[6] on me l'imputerait;
Et l'on dirait partout que, me sentant coupable,
Je feins pour qui m'accuse un zèle charitable;
Que mon cœur l'appréhende, et veut *le ménager*[7]
Pour le pouvoir, sous main, au silence engager.

Cléante. Vous *nous payez ici d'excuses colorées*;[8]
Et toutes vos raisons, monsieur, *sont trop tirées*.[9]
Des intérêts du ciel pourquoi vous chargez-vous?
Pour punir le coupable a-t-il besoin de nous?
Laissez-lui, laissez-lui le soin de ses vengeances:
Ne songez qu'au pardon qu'il prescrit des offenses;
Et ne regardez point aux jugements humains,
Quand vous suivez du ciel les ordres souverains.

---

[1] on account of your quarrel.
[2] to extremities.
[3] for my part.
[4] In the sense of *causer*.
[5] on the first impression.
[6] as mere policy.
[7] spare him.
[8] are putting us off with sham excuses. See page 43.
[9] are too far-fetched.

Quoi ! le *faible* intérêt de ce qu'on pourra croire
D'une bonne action empêchera la gloire !
Non, non ; faisons toujours ce que le ciel prescrit,
Et d'aucun autre soin *ne nous brouillons l'esprit.*[2]

    Tartuffe. Je vous ai déjà dit que mon cœur lui pardonne ;
Et c'est faire, monsieur, ce que le ciel ordonne :
Mais, après le scandale et l'affront d'aujourd'hui,
Le ciel n'ordonne pas que je vive avec lui.

    Cléante. Et vous ordonne-t-il, monsieur, d'ouvrir l'oreille
A ce qu'un pur caprice à son père conseille,
Et d'accepter le don qui vous est fait d'un bien
Où le droit vous oblige à *ne prétendre rien* ?[3]

    Tartuffe. Ceux qui me connaîtront n'auront pas la pensée
Que ce soit un[4] effet d'une âme intéressée.
Tous les biens de ce monde ont pour moi peu d'appas ;
De leur éclat trompeur je ne m'éblouis pas :
Et si je me résous à recevoir du père
Cette donation qu'il a voulu me faire,
Ce n'est, à dire vrai, que parce que je crains
Que tout ce bien *ne tombe en*[5] de méchantes mains ;
Qu'il ne trouve des gens qui, l'ayant en partage,
En fissent dans le monde un criminel usage,
Et ne s'en servent pas, ainsi que j'ai dessein,
Pour la gloire du ciel et le bien du prochain.[6]

---

[1] paltry.
[2] let us not trouble our heads.
[3] lay no claim.
[4] Present usage would require *l'effet d'une âme.*
[5] should fall into.
[6] Tartuffe, who has no longer to do with Orgon, and who cannot convince his interlocutor by *clins d'yeux* and *élans affectés*, finds a difficulty in replying. He introduces as much art as possible into his language, but he cannot introduce much reason or justice : thus he adopts the wisest course with such an adversary, in making good his retreat.

[SCÈNE I.] LE TARTUFFE. 67

Cléante. Hé! monsieur, n'ayez point ces délicates
 craintes,[1]
Qui d'un juste héritier peuvent causer les plaintes.
Souffrez, sans vous vouloir embarrasser de rien,
Qu'il soit, à ses périls, possesseur de son bien;
Et songez qu'il vaut mieux encor qu'il *en mésuse*,[2]
Que si de l'en frustrer il faut qu'on vous accuse.[3]
J'*admire*[4] seulement que, sans confusion,
Vous en ayez souffert la proposition.
Car enfin le vrai zèle a-t-il quelque maxime
Qui *montre à dépouiller*[5] l'héritier légitime?
Et, *s'il faut que*[6] le ciel dans votre cœur ait mis
Un invincible obstacle à vivre avec Damis,
Ne vaudrait-il pas mieux qu'en personne discrète
Vous fissiez de céans une honnête retraite,
Que de souffrir ainsi, contre toute raison,
Qu'on en chasse pour vous le fils de la maison?
Croyez-moi, c'est donner de votre prud'homie,
Monsieur...

Tartuffe. Il est, monsieur, trois heures et demie:
Certain devoir pieux me demande là-haut,
Et vous m'excuserez de vous quitter sitôt.

Cléante (seul). Ah!

SCÈNE II.

ARGUMENT TO SCENES II., III., & IV.

Elmire enters, attended by Mariane and Dorine; the latter implores Cleante to employ every means to break off the intended marriage, when Orgon comes forward, triumphantly displaying the

---

[1] scruples.
[2] should make a bad use of it.
[3] than that people should accuse you of defrauding him of it.
[4] wonder.
[5] teaches us to rob.
[6] if it is true that.

fatal contract. He acquaints the assembled family with his determination. The moving entreaties of Mariane, on her knees before him, make but a momentary impression upon him. He imposes silence on Cléante; and, with regard to Tartuffe, calumniated as he believes him to be, he raises as an objection to the truth of the charges, the calm state of mind which Elmire had evinced when Damis was accusing him. Elmire sees no other means of insuring conviction than by submitting Tartuffe to a new test. Orgon accepts the proposal she makes, and Dorine goes to invite him to come. All retire but Orgon and his wife, who makes him conceal himself under a table.

ELMIRE, MARIÁNE, CLÉANTE, DORINE.

Dorine (*à Cléante*). De grâce, avec nous *employez vous
  pour elle*,[1]
Monsieur: son âme souffre une douleur mortelle:
Et l'*accord*[2] que son père a conclu pour ce soir
La fait à tous moments entrer en désespoir.
Il va venir. Joignons nos efforts, je vous prie,
Et tâchons d'ébranler, de force ou d'[3] industrie,
Ce malheureux dessein qui nous a tous troublés.

SCÈNE III.

ORGON, ELMIRE, MARIANE, CLÉANTE, DORINE.

Orgon. Ah! je me réjouis de vous voir assemblés.
  (*à Mariane.*)
Je porte en ce contrat *de quoi*[4] vous faire rire,
Et vous savez déjà *ce que cela veut dire*.[5]

---

[1] use your interest in her behalf.
[2] agreement.
[3] *de* for *par*, i.e. *par force ou par adresse*, "by force or by skill."
[4] something; *vide* page 25.
[5] what it means.

Mariane (*aux genoux d'Orgon*). Mon père, au nom du ciel qui connaît ma douleur,
Et par tout ce qui peut émouvoir votre cœur,
Relâchez-vous¹ un peu des droits de la naissance,²
Et dispensez mes vœux de cette obéissance.
Ne me réduisez point, par cette dure loi,
Jusqu'à me plaindre au ciel de ce que je vous doi ;
Et cette vie, hélas ! que vous m'avez donnée,
Ne me la rendez pas, mon père, infortunée.
Si, contre un doux espoir que j'avais pu former,
Vous me défendez d'être à ce que j'ose aimer,
Au moins, par vos bontés qu'à vos genoux j'implore,
Sauvez-moi du tourment d'être à³ ce que j'abhorre ;
Et ne me portez point à quelque désespoir,
En *vous servant*⁴ sur moi de tout votre pouvoir.
    Orgon (*se sentant attendrir*). Allons, ferme, mon cœur ! point de faiblesse humaine !
    Mariane. Vos tendresses pour lui ne me font point de peine ;
*Faites-les éclater,*⁵ donnez-lui votre bien,
Et, si ce n'est assez, joignez-y tout le mien ;⁶
J'y consens de bon cœur, et je vous l'abandonne :
Mais, au moins, n'allez pas jusques à ma personne ;
Et souffrez qu'un couvent, dans les austérités,
*Use*⁷ les tristes jours que le ciel m'a comptés.
    Orgon. Ah ! *voilà justement de mes religieuses,*⁸
Lorsqu'un père combat leurs flammes amoureuses !

---

¹ forego.
² *Des droits de la naissance.* Mariane means *des droits de la paternité*; but the sense of these two expressions is far from being the same.
³ of belonging to.
⁴ making use.
⁵ display them.
⁶ All the property of Mariane; that is, all her right of succession to the property of her late mother, Orgon's first wife.
⁷ may wear away.
⁸ these are exactly your pretenders to the veil or *convent-seeking ladies.*

Debout.[1] Plus votre cœur répugne à l'accepter,
Plus ce sera pour vous matière à mériter.
Mortifiez vos sens avec ce mariage,
Et *ne me rompez pas la tête*[2] davantage.
  Dorine. Mais quoi !...
  Orgon.   Taisez-vous, vous. Parlez à votre écot.[3]
Je vous défends, *tout net*,[4] d'oser dire un seul mot.
  Cléante. Si par quelque conseil vous souffrez qu'on réponde...
  Orgon. Mon frère, vos conseils sont les meilleurs du monde ;
Ils sont bien raisonnés, et *j'en fais un grand cas ;*[5]
Mais vous trouverez bon que je n'en use pas.
  Elmire (à Orgon): A voir ce que je vois, je ne sais plus que dire ;
Et votre aveuglement fait que je vous admire.
C'est être bien coiffé, bien *prévenu*[6] de lui,
Que de nous démentir sur le fait d'aujourd'hui !
  Orgon. Je suis votre valet, et crois les apparences.
Pour mon fripon de fils je sais vos complaisances ;
Et vous avez eu peur de le désavouer
Du[7] trait qu'à ce pauvre homme il a voulu jouer.
Vous étiez trop tranquille, enfin, pour être crue ;
Et vous auriez paru d'autre manière émue.
  Elmire. Est-ce qu'au simple aveu d'un amoureux transport
Il faut que notre honneur *se gendarme*[8] si fort ?

[1] rise.
[2] do not rack my brain. Orgon, faithful to his character as a devotee, hears, without pity, his despairing daughter declare that she prefers the cloisters to a marriage which she cannot abide.
[3] *Parlez à votre écot.* A proverbial expression which signifies "speak to those who are of your *écot*, of your company." Génin says, "Parlez à votre tour, en proportion de votre droit et de votre dû, comme chacun mange à son *écot.*" [4] plainly.
[5] set a great value upon them; *vide* page 30. [6] prepossessed.
[7] with regard to the.
[8] should bluster. *Vide* 'Le Misan' ii. 5 : " Votre esprit *se gendarme* toujours contre tout ce qu'on dit."

Et ne peut-on répondre à tout ce qui le touche,
Que le[1] feu dans les yeux, et l'injure à la bouche?
Pour moi, de tels propos je me ris simplement;
Et l'éclat, là-dessus, ne me plait nullement.
J'aime qu'avec douceur nous nous montrions sages;
Et ne suis point du tout pour ces prudes sauvages
Dont l'honneur est armé de griffes et de dents,
Et veut, au moindre mot, dévisager les gens.
Me préserve le ciel d'une telle sagesse!
Je veux une vertu qui ne soit point diablesse,
Et crois que d'un refus la discrète froideur
N'en est pas moins puissante à rebuter un cœur.

Orgon. Enfin, je sais l'affaire, et *ne prends point le change.*[2]

Elmire. J'admire, *encore un coup,*[3] cette faiblesse étrange:
Mais que me répondrait votre incrédulité
Si je vous faisais voir qu'on vous dit vérité?

Orgon. Voir!
Elmire. Oui.
Orgon. Chansons.
Elmire. Mais quoi! si je trouvais manière
De vous le faire voir avec pleine lumière...?

Orgon. Contes en l'air.[4]
Elmire. Quel homme! au moins, répondez-moi.
Je ne vous parle pas *de nous ajouter foi;*[5]
Mais supposons ici que, d'un lieu qu'on peut prendre,
On vous fît clairement tout voir et tout entendre,
Que diriez-vous alors de votre homme de bien?

Orgon. En ce cas, je dirais que... Je ne dirais rien,
Car cela ne se peut.

---

[1] but with.
[2] am not to be deceived.
[3] yet once more.
[4] idle tales, i.e. *qui n'ont aucune apparence de vérité.*
[5] of giving us credence.

Elmire.   L'erreur trop longtemps dure,
Et c'est trop condamner ma bouche d'imposture.
Il faut que, par plaisir, et sans aller plus loin,
De tout ce qu'on vous dit je vous fasse témoin.
    Orgon. Soit. Je vous prends au mot. Nous verrons votre adresse,
Et comment vous pourrez remplir cette promesse.
    Elmire (à Dorine). Faites-le-moi venir.
    Dorine (à Elmire).   Son esprit est rusé,
Et peut-être à surprendre il sera malaisé.
    Elmire (à Dorine). Non; on est aisément dupé par ce qu'on aime,
Et l'amour-propre engage à se tromper soi-même.[1]
    (*à Cléante et à Mariane.*)
Faites-le-moi descendre.[2] Et vous, retirez-vous.

SCÈNE IV.

ELMIRE, ORGON.

Elmire. Approchons cette table, et vous mettez dessous.
    Orgon. Comment!
    Elmire.   Vous bien cacher est un point nécessaire.
    Orgon. Pourquoi sous cette table?
    Elmire.   Ah! mon Dieu! laissez faire;
J'ai mon dessein en tête, et vous en jugerez.
Mettez-vous là, vous dis-je; et, quand vous y serez,
Gardez qu'on ne vous voie et qu'on ne vous entende.

---

[1] This answer of Elmire is very satisfactory, and proves a great knowledge of the human heart; it was important that the observation made by Dorine should be refuted beforehand by the author.

[2] bid him come down to me.

LE TARTUFFE.

Orgon. Je confesse qu'ici ma complaisance est grande :
Mais de votre entreprise il vous faut voir sortir.
   Elmire. Vous n'aurez, que je crois,¹ rien à me *repartir*.²
    (*à Orgon, qui est sous la table.*)
Au moins, je vais toucher une étrange matière :
Ne vous scandalisez en aucune manière.
Quoi que je puisse dire, il doit m'être permis ;³
Et c'est pour vous convaincre, ainsi que j'ai promis.
Je vais par des douceurs, puisque j'y suis réduite,
Faire *poser*⁴ le masque à cette âme hypocrite,
Flatter de son amour les désirs effrontés,
Et donner un champ libre à ses témérités.
Comme c'est pour vous seul, et pour mieux le confondre,
Que mon âme à ses vœux va feindre de *répondre*,⁵
J'aurai lieu de cesser dès que vous vous rendrez,
Et les choses n'iront que jusqu'où vous voudrez.
C'est à vous d'arrêter son ardeur insensée,
Quand vous croirez l'affaire *assez avant poussée*,⁶
D'épargner votre femme, et de ne m'exposer
Qu'à ce qu'il vous faudra pour vous désabuser.
Ce sont vos intérêts, vous en serez le maître ;
Et... L'on vient. *Tenez-vous,*⁷ et *gardez*⁸ de paraître.

SCÈNE V.

ARGUMENT TO SCENES V. & VI.

Tartuffe comes, according to the invitation of Dorine; and, after his doubts are dispelled, proceeds to his amorous solicitations a

---

¹ *Que je crois* is for *à ce que je crois*; and *repartir* for *répondre* or *rien à m'opposer*. *Vide* page 17.
² reply.
³ This is another impersonal phrase which does not conform with present usage.
⁴ put off.   ⁵ comply.
⁶ carried far enough.
⁷ stay there.   ⁸ take care not.

second time. Elmire, having thus hooked the insidious traitor, gives him line till she is sure of the capture, and ends by sending him to explore the outer passage, lest any one should be there to interrupt them. Meanwhile Orgon, who had heard all his soft speeches with unparalleled forbearance, steps forth from his covert; but Tartuffe is to return immediately: Elmire, therefore, hides her husband behind her.

TARTUFFE, ELMIRE, ORGON (*sous la table*).

Tartuffe. On m'a dit qu'en ce lieu vous me vouliez
 parler.
Elmire. Oui. L'on a des secrets à vous y révéler.
Mais tirez cette porte avant qu'on vous les dise,
Et regardez partout, de crainte de surprise.
 (*Tartuffe va fermer la porte, et revient.*)
Une affaire pareille à celle *de tantôt*[1]
N'est pas assurément ici ce qu'il nous faut:
Jamais *il ne s'est vu*[2] de surprise *de même*.[3]
Damis m'a fait pour vous une frayeur extrême;
Et vous avez bien vu que j'ai fait mes efforts
Pour rompre son dessein et calmer ses transports.
Mon trouble, il est bien vrai, m'a si fort possédée,
Que de le démentir je n'ai point eu l'idée;
Mais par là, grâce au ciel, tout a bien mieux été,
Et les choses en sont en plus de sûreté.
L'estime où l'on vous tient a dissipé l'orage,
Et mon mari de vous ne peut prendre d'ombrage.
Pour mieux braver l'éclat des mauvais jugements,
Il veut que nous soyons ensemble à tous moments;
Et c'est *par où*[4] je puis, sans peur d'être blâmée,
Me trouver ici seule avec vous enfermée,

---

[1] which happened lately.
[2] was there seen.
[3] similar. "C'est un transport si grand qu'il n'en est point *de même*."—'Éc. des Mar.' iii. 2.
[4] for this reason that.

Et ce qui m'autorise à vous ouvrir un cœur
Un peu trop prompt peut-être à souffrir votre ardeur.

Tartuffe. Ce langage à comprendre est assez difficile,
Madame ; et vous parliez *tantôt*[1] d'un autre style.

Elmire. Ah ! si *d'*[2]un tel refus vous êtes en courroux,
Que le cœur d'une femme est mal connu de vous !
Et que vous savez peu *ce qu'il veut faire entendre*[3]
Lorsque si faiblement on le voit se défendre !
Toujours notre pudeur combat, dans ces moments,
Ce qu'on peut nous donner de tendres sentiments.
Quelque raison qu'on trouve à *l'amour*[4] qui nous dompte,
On trouve à l'avouer toujours un peu de honte.
On s'en défend d'abord : mais de l'air *qu'on s'y prend*[5]
On fait connaitre assez que notre cœur se rend ;
Qu'à nos vœux, par honneur, notre bouche s'oppose,
Et que de tels refus promettent toute chose.
C'est vous faire, sans doute, un assez libre aveu,
Et sur *notre*[6] pudeur *me ménager bien peu.*[7]
Mais, puisque la parole *enfin en est lâchée,*[8]
A retenir Damis me serais-je attachée,
Aurais-je, je vous prie, avec tant de douceur
Écouté tout au long l'offre de votre cœur,
Aurais-je pris la chose ainsi qu'on m'a vu faire,
Si l'offre de ce cœur n'eût eu de quoi me plaire ?
Et lorsque j'ai voulu moi-même vous forcer
A refuser l'hymen qu'*on venait d'annoncer,*[9]
Qu'est-ce que cette instance *a dû vous faire entendre,*[10]
Que[11] l'intérêt qu'en vous on s'avise de prendre,

[1] before.   [2] at.   [7] to have little regard for myself.
[3] the meaning it wishes to convey.   [8] has been once spoken.
[4] in the love.   [9] was just announced.
[5] by which one does it.   [10] must have given you to understand.
[6] of our sex.   [11] but.

76 LE TARTUFFE. [ACTE IV.

Et l'ennui qu'on aurait que *ce nœud qu'on résout*[1]
Vînt partager[2] du moins un cœur *que l'on veut tout ?*[3]
   Tartuffe. C'est, sans doute, madame, une douceur ex-
      trême
Que d'entendre ces mots d'une bouche qu'on aime ;
Leur miel dans tous mes sens *fait couler à longs
      traits*[4]
Une suavité qu'on ne goûta jamais.
Le bonheur de vous plaire est ma suprême étude,
Et mon cœur de vos vœux fait sa béatitude ;
Mais ce cœur vous demande ici la liberté
D'oser douter un peu de sa félicité.
Je puis croire ces mots un artifice honnête
Pour m'obliger à rompre un hymen qui s'apprête ;
Et, s'il faut librement m'expliquer avec vous,
Je ne me fierai point à des propos si doux,
Qu'un peu de vos faveurs, après quoi je soupire,
Ne[5] vienne m'assurer tout ce qu'ils m'ont pu dire,
Et planter dans mon âme une constante foi
Des charmantes bontés que vous avez pour moi.
   Elmire (après avoir toussé pour avertir son mari). Quoi !
      vous voulez aller avec cette vitesse,
Et d'un cœur *tout d'abord*[6] épuiser la tendresse ?
On se tue à vous faire un aveu des plus doux ;
Cependant ce n'est pas encore assez pour vous ?
Et l'on ne peut aller jusqu'à vous satisfaire,
Qu'aux dernières faveurs on ne pousse l'affaire ?

---

[1] this match which is resolved upon.
[2] should share.
[3] wishes entirely to oneself. *Qu'est-ce que cette,* &c. In this phrase the word *on,* alluding to different persons, must be carefully observed: in *on venait d'annoncer,* it alludes to Orgon ; in *on s'avise,* it means Elmire: *on aurait* and *on veut* refer to Elmire, and *on résout* to Orgon and the marriage he has resolved upon between Mariane and Tartuffe.
[4] diffuses in streams.
[5] *Que ne,* unless.
[6] at the very first.

[SCÈNE V.] LE TARTUFFE.

Tartuffe. Moins[1] on mérite un bien, moins on l'ose espérer.
Nos vœux sur des discours ont peine à s'assurer.[2]
On soupçonne aisément un sort tout plein de gloire,
Et l'on veut en jouir avant que de le croire.
Pour moi, qui crois si peu mériter vos bontés,
Je doute du bonheur de mes témérités ;[3]
Et je ne croirai rien, que vous n'ayez, madame,
Par des réalités, su convaincre ma flamme.

Elmire. Mon Dieu ! que votre amour en[4] vrai tyran agit !
Et qu'en un[5] trouble étrange il me jette l'esprit !
Que sur les cœurs il prend un furieux empire !
Et qu'avec violence il veut ce qu'il désire !
Quoi ! de votre poursuite on ne peut se parer,
Et vous ne donnez pas le temps de respirer ?
Sied-il bien de tenir une rigueur si grande,[6]
De vouloir sans quartier les choses qu'on demande,
Et d'abuser ainsi, par vos efforts pressants,
Du faible que pour vous vous voyez qu'ont les gens ?

Tartuffe. Mais si d'un œil bénin vous voyez mes hommages,
Pourquoi m'en refuser d'assurés témoignages ?

Elmire. Mais comment consentir à ce que vous voulez,
Sans offenser le ciel, dont toujours vous parlez ?

Tartuffe. Si ce n'est que le ciel qu'à mes vœux on oppose,
Lever un tel obstacle est à moi peu de chose ;
Et cela ne doit point retenir votre cœur.

Elmire. Mais des arrêts du ciel on nous fait tant de peur !

---

[1] the less.
[2] with difficulty rely on, or be content with.
[3] These six lines are found in 'Don Gar. de Nav.' ii. 6.
[4] like a.
[5] in what a.
[6] *Tenir une rigueur si grande.* *Tenir rigueur* is one of those phrases in which the noun cannot be qualified by an adjective.

Tartuffe. Je puis vous dissiper ces craintes ridicules,
Madame; et je sais l'art de lever des scrupules.
Le ciel défend, de vrai, certains contentements;
Mais on trouve avec lui des *accommodements*,[1]
Selon divers besoins, il est une science
D'étendre les liens de notre conscience,
Et de rectifier le mal de l'action
Avec la pureté de notre intention.[2]
De ces secrets, madame, on saura vous instruire;
Vous n'avez seulement qu'*à vous laisser conduire*.[3]
Contentez mon désir, et n'ayez point d'effroi;
Je vous réponds de tout, et prends le mal sur moi.
      (*Elmire tousse plus fort.*)
Vous toussez fort, madame.
    Elmire.   Oui, je suis *au supplice*.[4]
    Tartuffe. Vous plaît-il un morceau de ce jus de réglisse ?
    Elmire. C'est un rhume obstiné, sans doute; et je
      vois bien
Que tous les jus du monde ici ne feront rien.
    Tartuffe. Cela, certe, est fâcheux.
    Elmire.   Oui, plus qu'on ne peut dire.
    Tartuffe. Enfin, votre scrupule est facile à détruire.
Vous êtes assurée ici d'un plein secret,
Et le mal n'est jamais que dans l'éclat qu'on fait.
Le scandale du monde est ce qui fait l'offense,
Et ce n'est pas pécher que pécher en silence.[5]

[1] compromise. Molière adds this note: "C'est un scélérat qui parle;" probably for the purpose of preventing the calumnious interpretations of his enemies, that true religion was the object of his attack, and not hypocrisy.

[2] *Avec la pureté de notre intention.* Pascal, in one of his 'Lettres Provinciales,' says: "Quand nous ne pouvons pas empêcher l'action, nous purifions du moins l'intention et ainsi nous corrigeons le vice du moyen par la pureté de la fin."

[3] to be guided by me.

[4] in torture.

[5] Regnier had said in his 13th Sat.:—
"Le péché que l'on cache est demi-pardonné,
La faute seulement ne gît en la défense;
Le scandale, l'opprobre, est cause de l'offense."

Elmire (après avoir encore toussé et frappé sur la table).
¹ Enfin je vois qu'il faut se résoudre à céder ;
Qu'il faut que je consente à vous tout accorder ;
Et qu'*à moins de cela*² je ne dois point prétendre
Qu'on puisse être content, et qu'on veuille se rendre.
Sans doute il est fâcheux *d'en venir jusque-là*.³
Et c'est bien malgré moi que je *franchis*⁴ cela ;
Mais, puisque l'on s'obstine à m'y vouloir réduire,
Puisqu'on ne veut point croire à tout ce qu'on peut dire,
Et qu'on⁵ veut des témoins qui soient plus convaincants,
Il faut bien s'y résoudre, et contenter les gens.
Si ce contentement porte en soi quelque offense,
Tant pis pour qui me force à cette violence ;
La faute assurément n'en doit point être à moi.

Tartuffe. Oui, madame, *on s'en charge* ;⁶ et la chose de soi...

Elmire. Ouvrez un peu la porte, et voyez, je vous prie,
Si mon mari n'est point dans cette galerie.

*Tartuffe. Qu'est-il besoin*⁷ pour lui du soin que vous prenez ?
C'est un homme, entre nous, à mener par le nez.
De tous nos entretiens il est pour faire gloire,⁸
Et je l'ai mis au point de voir tout sans rien croire.

Elmire. Il n'importe. Sortez, je vous prie, un moment ;
Et partout là dehors voyez exactement.

---

¹ *Enfin je vois, &c.* Here the language of Elmire is a masterpiece of address: every word she utters is directed to her husband ; and, such is the art which prevails throughout, that Tartuffe cannot but consider it to apply to himself.

² with less than that.
³ to come to this.
⁴ go beyond.

⁵ Observe the fault so frequent with Molière, and especially in this sense: two *on*'s referring to two different subjects. *Vide* page 76.

⁶ I take it upon myself.
⁷ what need is there.
⁸ *Faire gloire de quelque chose*, is to glory in a thing, to pride oneself on or in it, to take a pride in a thing.

SCÈNE VI.

ORGON, ELMIRE.

Orgon (sortant de dessous la table). Voilà, je vous l'avoue, un abominable homme !
Je n'en puis revenir,[1] et tout ceci *m'assomme.*[2]
   Elmire. Quoi ! vous sortez sitôt ! Vous vous moquez des gens.
Rentrez sous *le tapis,*[3] il n'est pas encor temps ;
Attendez jusqu'au bout pour voir les choses sûres,
Et ne vous fiez point aux simples conjectures.
   Orgon. Non, rien de plus méchant n'est sorti de l'enfer.
   Elmire. Mon Dieu ! l'on ne doit point croire *trop de léger.*[4]
Laissez-vous bien convaincre avant que de vous rendre ;
Et ne vous hâtez pas, de peur de vous méprendre.
   (*Elmire fait mettre Orgon derrière elle.*)

SCÈNE VII.

ARGUMENT TO SCENES VII. & VIII.

   Tartuffe flies back, gaily and triumphantly, on the wings of love, and, at the moment when he is rushing to his loved Elmire, Orgon steps round to welcome him with a warm outburst of just indignation, and orders him to quit the house without delay.

---

[1] I cannot recover myself.
[2] confounds me.
[3] the cloth (of the table).
[4] too readily. *De léger* for *légèrement;* an expression much used in the time of Molière, which has become altogether obsolete: the Italians say the same, *di leggieri.*

The artful impostor thinks to avail himself again of his former guile; but, seeing it was in vain, he all at once changes his tone: he appears no longer the vile, fawning, and insidious reptile as before, but the villain speaks out in every word, and shows himself in every look; he retorts the command of Orgon upon himself, declaring that he alone is the master of the house, and then retires. Orgon, now left with his wife, expresses alarm with regard to the donation of his estate, and a certain casket, about which more will be said hereafter.

TARTUFFE, ELMIRE, ORGON.

Tartuffe (*sans voir Orgon*). Tout conspire, madame, à
    mon contentement.
J'ai visité de l'œil[1] tout cet appartement;
Personne ne s'y trouve; et mon âme ravie...
(*Dans le temps que Tartuffe s'avance, les bras ouverts, pour
    embrasser Elmire, elle se retire, et Tartuffe aperçoit
    Orgon.*)
Orgon (*arrêtant Tartuffe*). Tout doux! vous suivez
    trop votre amoureuse envie,
Et vous ne devez pas vous tant passionner.
Ah! ah! l'homme de bien, vous *m'en vouliez donner!*[2]
Comme aux tentations s'abandonne votre âme!
Vous épousiez ma fille, et convoitiez[3] ma femme!
J'ai douté fort longtemps que ce fût tout de bon,
Et je croyais toujours qu'on changerait de ton:
Mais c'est assez avant pousser le témoignage;
Je *m'y tiens*,[4] et n'en veux, pour moi, pas davantage.
    Elmire (*à Tartuffe*). C'est contre mon humeur que j'ai
    fait tout ceci;
Mais *on m'a mise au point*[5] de vous traiter ainsi.

---

[1] I have looked over.
[2] wished to impose upon me.
[3] *Vide* page 48.
[4] I am satisfied with it.
[5] I have been brought to the necessity.

Tartuffe (à *Orgon*). Quoi! vous croyez...?
Orgon. Allons, point de bruit, je vous prie.
Dénichons¹ de céans, et sans cérémonie.
Tartuffe. Mon dessein...
Orgon. Ces discours ne sont plus de saison.
Il faut, tout sur-le-champ, sortir de la maison.
Tartuffe. C'est à vous d'en sortir, vous qui parlez en maître:
La maison m'appartient, je le ferai connaître,
Et vous montrerai bien qu'en vain on a recours,
*Pour me chercher querelle,*² à ces lâches détours;
Qu'on n'est pas où l'on pense en me faisant injure;³
Que j'ai *de quoi*⁴ confondre et punir l'imposture,
Venger le ciel qu'on blesse, et faire repentir
Ceux qui parlent ici de me faire sortir.

SCÈNE VIII

ELMIRE, ORGON.

Elmire. Quel est donc ce langage? et qu'est-ce qu'il veut dire?
Orgon. Ma foi, je suis confus, et n'ai pas lieu de rire.
Elmire. Comment?
Orgon. Je vois ma faute, aux⁵ choses qu'il me dit;
Et la donation m'embarrasse l'esprit.

---

¹ begone. *Allons, il faut dénicher,* "Come, off with you"

² to pick a quarrel with me.

³ *Qu'on n'est pas, &c.* The meaning of this is: "That, in injuring me, things are otherwise than you believe. You think to put me out of the house, but it is I that shall do this with you."

⁴ something. *Vide* pages 23 and 68.

⁵ i.e. *dans le, dans les,* = *relativement à: vide* 'L'Avare,' i. 1, "aux choses que je fais pour vous;" and sc. 2, "aux choses qu'elle fait." Also, 'Fem Sav.' iv. 3, "On souffre aux entretiens ces sortes de combats:" and "Je ne m'étonne pas, au combat que j'essuie," &c.

Elmire. La donation !
Orgon.   Oui.   C'est une affaire faite.
Mais j'ai quelque autre chose encor qui m'inquiète.
Elmire. Et quoi ?
Orgon.   Vous saurez tout.   Mais voyons au plus tôt
Si certaine cassette est encore là-haut.

FIN DU QUATRIÈME ACTE.

ACTE CINQUIÈME.

SCÈNE I.

ARGUMENT TO SCENES I. & II.

Orgon consults his brother-in-law upon the subject of his grant to Tartuffe, and the casket, containing papers on which depended the life and fortune of a friend who, having been guilty of a crime against the State, had been obliged to fly. Now, as is natural with weak minds, he flies from one extreme to the other; he condemns, and will for ever distrust, every appearance of piety; but Cléante, the truly honest and prudent character of the piece, advises him to be moderate. Damis, whose angry vehemence stands equally in need of being checked by the prudence of Cléante, now enters.

ORGON, CLÉANTE.

Cléante. Où voulez-vous courir ?
Orgon. Las![1] que sais-je ?
Cléante. Il me semble
Que l'on doit commencer par consulter ensemble[2]
Les choses qu'on peut faire en cet événement.
  Orgon. Cette cassette-là me trouble entièrement.
Plus que le reste encore,[3] elle me désespère.
  Cléante. Cette cassette est donc un important mystère ?
  Orgon. C'est un dépôt qu'Argas, cet ami que je plains,
Lui-même en grand secret m'a mis entre les mains.

---

[1] *Las* is said for *hélas*, in the style of Clément Marot, a poet who lived in the time of Francis I. The habit of clipping and curtailing words is peculiar to him.

[2] "consulter *sur* les choses" is more correct.

[3] still more than the rest.

Pour cela, dans sa fuite, il me voulut élire ;
Et ce sont des papiers, à ce qu'il m'a pu dire,
Où sa vie et ses biens se trouvent attachés.

Cléante. Pourquoi donc *les* avoir en d'autres mains lâchés ?[1]

Orgon. Ce fut par un motif de cas de conscience.
J'allai droit à mon traître en faire confidence ;
Et son raisonnement me vint persuader
De lui donner plutôt la cassette à garder,
Afin que pour nier, en cas de quelque enquête,
J'eusse d'un *faux-fuyant*[2] la faveur toute prête,
Par où ma conscience eût pleine sûreté
A faire des serments contre la vérité.

Cléante. Vous voilà mal, au moins si j'en crois l'apparence ;
Et la donation, et cette confidence,
Sont, à vous en parler selon mon sentiment,
Des démarches par vous faites *légèrement*.[3]
On peut vous mener loin avec de pareils gages :
Et cet homme sur vous ayant ces avantages,
Le *pousser*[4] est encor grande imprudence à vous ;
Et vous deviez chercher quelque *biais plus doux*.[5]

Orgon. Quoi ! sur un beau semblant de ferveur si touchante
Cacher un cœur si double, une âme si méchante !
Et moi, qui l'ai reçu gueusant et n'ayant rien...
C'en est fait, je renonce à tous les gens de bien ;
J'en aurai désormais une horreur effroyable,
Et m'en vais devenir pour eux pire qu'un diable.

Cléante. Hé bien ! *ne voilà pas de vos emportements !*[6]
Vous ne gardez en rien *les doux tempéraments*.[7]

---

[1] let them pass (with *les*).
[2] subterfuge.
[3] thoughtlessly.
[4] provoke.
[5] gentler course.
[6] that is just like your hastiness.
[7] proper moderation.

Dans la droite raison jamais n'entre la vôtre ;
Et toujours d'un excès vous vous jetez dans l'autre.
Vous voyez votre erreur, et vous avez connu
Que par un zèle feint vous étiez prévenu ;
Mais pour vous corriger quelle raison demande
Que vous alliez passer dans une erreur plus grande,
Et qu'avecque[1] le cœur d'un perfide vaurien
Vous confondiez les cœurs de tous les gens de bien ?
Quoi ! parce qu'un fripon vous dupe avec audace
Sous le pompeux éclat d'une austère grimace,
Vous *voulez*[2] que partout on soit fait comme lui,
Et qu'aucun vrai dévot ne se trouve aujourd'hui ?
Laissez aux libertins[3] ces sottes conséquences :
Démêlez[4] la vertu *d'avec*[5] ses apparences,
Ne hasardez jamais votre estime trop tôt,
Et soyez pour cela dans le *milieu qu'il faut.*[6]
Gardez-vous, s'il se peut, d'honorer l'imposture :
Mais au vrai zèle aussi n'allez pas faire injure ;
Et, s'il vous faut tomber dans une extrémité,
Péchez plutôt encor de cet autre côté.

SCÈNE II.

ORGON, CLÉANTE, DAMIS.

Damis. Quoi ! mon père, est-il vrai qu'un coquin vous menace ?
Qu'il n'est point de bienfait qu'en son âme il n'efface,
Et que son lâche orgueil, trop digne de courroux,
Se fait de vos bontés des armes contre vous ?

---

[1] For *avec* (see note in p. 52). [2] will have it. [3] *Vide* page 17. [4] distinguish. [5] from. [6] proper medium.

Orgon. Oui, mon fils; et j'en sens des douleurs non-
pareilles.
Damis. Laissez-moi, je lui veux couper les deux
oreilles.
Contre son insolence on ne doit point *gauchir* :[1]
C'est à moi tout d'un coup de vous en affranchir ;
Et, pour sortir d'affaire, il faut que je l'assomme.
Cléante. Voilà tout justement parler en vrai jeune
homme.
Modérez, s'il vous plaît, ces transports éclatants.
Nous vivons sous un règne et sommes dans un temps
Où par la violence on fait mal ses affaires.

SCÈNE III.

ARGUMENT.

The incredulous Madame Pernelle comes forward, eager to inquire into the recent events which report had, in some measure, made known to her: she will not believe her son, and, in a manner truly comic and ludicrous, she acts towards him the same part as he himself had acted towards the other personages of the piece; while she obstinately refuses to believe the several proofs which he alleges against Tartuffe.

MADAME PERNELLE, ORGON, ELMIRE, CLÉANTE, MARI-
ANE, DAMIS, DORINE.

Madame Pernelle. Qu'est-ce ? j'apprends ici de terribles
mystères!
Orgon. Ce sont des *nouveautés*[2] dont mes yeux sont
témoins,
Et vous voyez le prix dont sont *payés*[3] mes soins.

[1] flinch.   [2] strange things.   [3] requited.

Je recueille avec zèle un homme en sa misère,
Je le loge, et le *tiens*[1] comme mon *propre*[2] frère ;
De bienfaits chaque jour il est par moi chargé ;
Je lui donne ma fille et tout le bien que j'ai :
Et, dans le même temps, le perfide, l'infâme,
Tente le noir dessein de *suborner*[3] ma femme ;
Et, non content encor de ses lâches essais,
Il m'ose menacer de mes propres bienfaits,
Et veut, à ma ruine, user des avantages
Dont le viennent d'armer mes bontés trop peu sages,
Me chasser de mes biens *où je l'ai transféré*,[4]
Et me réduire au *point*[5] d'où je l'ai retiré !

Dorine. Le pauvre homme ![6]

Madame Pernelle. Mon fils, je ne puis du tout croire
Qu'il ait voulu commettre une action si noire.

Orgon. Comment !

Madame Pernelle. Les gens de bien sont enviés toujours.

Orgon. Que voulez-vous donc dire avec votre discours,
Ma mère ?

Madame Pernelle. Que chez vous on vit d'étrange sorte,[7]
Et qu'on ne sait que trop la haine qu'on lui porte.

Orgon. Qu'a cette haine à faire avec ce qu'on vous dit ?

Madame Pernelle. Je vous l'ai dit cent fois quand vous étiez petit :
La vertu dans le monde est toujours poursuivie ;
Les envieux mourront, mais non jamais l'envie.

---

[1] treat. [2] own. [3] seduce.
[4] which I have made over to him. "On transfère à quelqu'un la propriété d'un bien ; mais, on ne le transfère pas dans ses biens."
[5] state.
[6] Dorine cannot forbear recalling to her master his comical sympathy for the scoundrel ; act i. sc. 5.
[7] that there are strange doings at your house.

Orgon. Mais *que fait ce discours aux choses d'aujourd'hui?*[1]

Madame Pernelle. On vous aura forgé cent sots contes de lui.

Orgon. Je vous ai dit déjà que j'ai vu tout moi-même.

Madame Pernelle. Des esprits médisants la malice est extrême.[2]

Orgon. Vous me feriez damner,[3] ma mère. Je vous dis
Que j'ai vu de mes yeux un crime si hardi.

Madame Pernelle. Les langues ont toujours du venin
à répandre;
Et rien n'est ici-bas qui *s'en puisse défendre.*[4]

Orgon. C'est tenir un propos de sens bien dépourvu.
Je l'ai vu, dis-je, vu, de mes propres yeux vu,
Ce qu'on appelle vu. Faut-il vous *le rebattre*[5]
Aux oreilles cent fois, et crier comme quatre?

Madame Pernelle. Mon Dieu! le plus souvent l'apparence déçoit:
Il ne faut pas toujours juger sur ce qu'on voit.[6]

Orgon. J'enrage!

Madame Pernelle. Aux faux soupçons la nature est sujette,
Et *c'est souvent à mal que le bien s'interprète.*[7]

Orgon. Je dois interpréter à charitable soin
Le désir d'embrasser ma femme!

Madame Pernelle. Il est besoin,
Pour accuser les gens, d'avoir de justes causes;
Et vous deviez attendre à vous voir sûr des choses.

---

[1] what has this to do with the present matter?

[2] Cléante had already said, l. 1: "Contre la médisance il n'est point de rempart."

[3] you would drive me mad.

[4] can defend itself against them.

[5] repeat it.

[6] This pertinacity of esteem for the impostor, on the part of Madame Pernelle, is not less provoking to Orgon than his own invariable confidence in him had been to his family previously.

[7] good is often interpreted as evil.

Orgon. Hé! diantre! *le moyen*[1] de m'en assurer mieux.
Je devais donc, ma mère, attendre qu'à mes yeux
Il eût... Vous me feriez dire quelque sottise.
 Madame Pernelle. Enfin d'un trop pur zèle on voit son
  âme éprise;
Et je ne puis du tout *me mettre dans l'esprit*[2]
Qu'il ait voulu tenter les choses que l'on dit.
 Orgon. Allez, je ne sais pas, si vous n'étiez ma mère,
Ce que je vous dirais, tant je suis en colère.
 Dorine (à *Orgon*). Juste retour, monsieur, des choses
  d'ici-bas:[3]
Vous ne vouliez point croire, et l'on ne vous croit pas.
 Cléante. Nous perdons des moments en bagatelles pures,
Qu'il faudrait employer à prendre des mesures.
Aux menaces du fourbe on doit ne dormir point.
 Damis. Quoi! son effronterie irait jusqu'à ce point?
 Elmire. Pour moi, je ne crois pas cette *instance*[4] pos-
Et son ingratitude est ici trop visible.   [sible,
 Cléante (à *Orgon*). Ne vous y fiez pas; il *aura des*
Pour donner contre vous raison à ses efforts,[6]   [*ressorts*[5]
Et, sur moins que cela le poids d'une cabale
Embarrasse[7] les gens dans un fâcheux *dédale*.[8]
Je vous le dis encore: armé de ce qu'il a,
Vous ne deviez jamais le pousser jusque-là.
 Orgon. Il est vrai; mais qu'y faire? A[9] l'orgueil de
  ce traître,
De mes ressentiments je n'ai pas été maître.
 Cléante. Je voudrais de bon cœur qu'on pût entre vous
  deux
De quelque ombre de paix raccommoder les nœuds.

[1] what means.
[2] bring myself to think.
[3] here below. [4] action.
[5] will find means.
[6] *Pour donner contre vous, &c.* The meaning of this line is, "to justify his proceedings against you."
[7] entangles. [8] maze.
[9] i.e. *devant, en présence de...* Also in next scene, *à ce te audace,* &c.

Elmire. Si j'avais su qu'en main il a[1] de telles armes,
Je n'aurais pas donné matière à tant d'alarmes;
Et mes...

   Orgon (à Dorine, voyant entrer M. Loyal). Que veut cet homme? Allez tôt le savoir.
Je suis *bien en état*[2] que l'on me vienne voir!

SCÈNE IV.

ARGUMENT TO SCENES IV. & V.

The doubts of Madame Pernelle are now quickly dispelled by the appearance of Monsieur Loyal, a king's sergeant, who introduces himself to Dorine with the monastic salutation, *ma sœur!* a mode of address well calculated to justify the choice that Tartuffe had made of him in order to eject the family from the house. He is a ludicrous personage, and proves the art of the comedian, who, after having for a long while thrown a gloom over the scene by the grief of a family, now enlivens the spectators by the presence of a laughable character.

ORGON, MADAME PERNELLE, ELMIRE, MARIANE, CLÉANTE, DAMIS, DORINE, M. LOYAL.

   M. Loyal (à Dorine, dans le fond du théâtre). [3]Bonjour, ma chère sœur; faites, je vous supplie,
Que je parle à monsieur.
   Dorine.   Il est en compagnie;
Et je doute qu'il puisse à présent voir quelqu'un.
   M. Loyal. Je ne suis pas pour[4] être en ces lieux importun.

---

[1] *Il a.* Grammar requires *si j'avais su qu'en main il eût*, &c.
[2] in a fine humour.
[3] This introduction announces an officer, smooth-tongued, mystical, treacherous,—another Tartuffe, in short, whose dulcet elocution forms a singular contrast to the mission with which he is charged.
[4] I am not a man to.

Mon abord n'aura rien, je crois, qui lui déplaise;
Et je viens pour un fait dont il sera bien aise.
  Dorine. Votre nom ?
  M. Loyal.   Dites-lui seulement que je viens
De la part de Monsieur Tartuffe, pour son bien.
  Dorine (*à Orgon*). C'est un homme qui vient, avec douce manière,
De la part de Monsieur Tartuffe, pour affaire
Dont vous serez, dit-il, bien aise.
  Cléante (*à Orgon*).   Il vous faut voir
Ce que c'est que cet homme, et ce qu'il peut vouloir.
  Orgon (*à Cléante*). Pour *nous raccommoder*[1] il vient ici peut-être :
Quels sentiments aurai-je à lui faire paraître ?
  Cléante. Votre ressentiment ne doit point éclater ;
Et, s'il parle *d'accord*,[2] il le faut écouter.
  M. Loyal (*à Orgon*). Salut, monsieur. Le ciel perde qui vous veut nuire,
Et vous soit favorable autant que je désire !
  Orgon (*bas, à Cléante*). Ce doux début s'accorde avec mon jugement,
Et présage déjà quelque accommodement.
  M. Loyal. Toute votre maison m'a toujours été chère,
Et j'étais serviteur de monsieur votre père.
  Orgon. Monsieur, j'ai grande honte et demande pardon
D'être sans vous connaître[3] ou savoir votre nom.
  M. Loyal. Je m'appelle Loyal, natif de Normandie,
Et suis *huissier à verge*,[4] en dépit de l'envie.
J'ai, depuis quarante ans, grâce au ciel, le bonheur
D'en exercer la charge avec beaucoup d'honneur ;
Et je vous viens, monsieur, avec votre licence,
Signifier l'exploit[5] de certaine ordonnance...

---

[1] to settle our affairs.   [2] of an agreement.   [3] For *de ne pas vous connaître*
[4] a king's sergeant.   [5] serve the writ.

Orgon. Quoi! vous êtes ici...

M. Loyal. Monsieur, sans passion.
Ce n'est rien seulement qu'une *sommation*,[1]
Un ordre de vider d'ici, vous et les vôtres,
Mettre vos meubles hors, et faire place à d'autres,
Sans délai ni remise, *ainsi que*[2] besoin est.

Orgon. Moi! sortir de céans?

M. Loyal. Oui, monsieur, s'il vous plaît.
La maison à présent, comme[3] savez de reste,
Au bon Monsieur Tartuffe appartient *sans conteste.*[4]
De vos biens désormais il est maître et seigneur,
En vertu d'un contrat duquel je suis porteur.
Il est en bonne forme, et l'on n'y peut rien dire.

Damis (*à M. Loyal*). Certes, cette impudence est grande, et je l'admire.

M. Loyal (*à Damis*). Monsieur, je ne dois point avoir affaire à vous;
 (*montrant Orgon.*)
C'est à monsieur; il est et raisonnable et doux,
Et d'un homme de bien il sait trop bien l'office
Pour se vouloir du tout opposer *à justice.*[5]

Orgon. Mais...

M. Loyal. Oui, monsieur, je sais que pour un million
Vous ne voudriez pas faire rébellion,
Et que vous souffrirez en honnête personne
Que j'exécute ici les ordres qu'on me donne.

Damis. Vous pourriez bien ici sur votre noir jupon,[6]
Monsieur l'huissier à verge, attirer le bâton.

M. Loyal (*à Orgon*). Faites que votre fils se taise ou se retire,
Monsieur. J'aurais regret d'être obligé d'écrire,
Et de vous voir *couché*[7] dans mon procès-verbal.

[1] summons. [2] even as. [4] indisputably. [5] what is just.
[3] *comme savez.* Here the pronoun *vous* is omitted. [6] *Jupon* signifies a long doublet. [7] put down.

Dorine (*à part*). Ce Monsieur Loyal porte un air bien déloyal.

M. Loyal. Pour tous les gens de bien j'ai de grandes tendresses,
Et ne me suis voulu, monsieur, charger des *pièces*[1]
Que pour vous obliger et vous faire plaisir ;
Que pour ôter par là le moyen d'en[2] choisir
Qui, n'ayant pas pour vous le zèle qui me pousse,
Auraient pu procéder d'une façon moins douce.

Orgon. Et que peut-on de pis que d'ordonner aux gens
De sortir de chez eux ?

M. Loyal. On vous donne du temps ;
Et jusques à demain *je ferai surséance*
A l'exécution,[3] monsieur, de l'ordonnance.
Je viendrai seulement passer ici la nuit,
Avec dix de mes *gens*[4] sans scandale et sans bruit.
Pour la forme, il faudra, s'il vous plait, qu'on m'apporte,
Avant que se coucher, les clefs de votre porte.
J'aurai soin de ne pas troubler votre repos,
Et de ne rien souffrir qui ne soit à propos.
Mais demain, du matin, il vous faut être *habile*[5]
A vider[6] de céans jusqu'au moindre ustensile ;
Mes gens vous aideront, et je *les ai pris forts*[7]
Pour vous faire service à tout mettre dehors.
On n'en peut pas user mieux que je fais, je pense ;
Et, comme je vous traite avec grande indulgence,
Je vous conjure aussi, monsieur, d'en user bien,
Et *qu'au*[8] *dû*[9] *de ma charge*[10] on ne me trouble en rien.

Orgon (*à part*). Du meilleur de mon cœur je donnerais
sur l'heure[11]

---

[1] papers.
[2] *en* refers to *les gens*.
[3] I will suspend the execution of the warrant.
[4] officers.
[5] quick.
[6] in removing.
[7] have chosen them strong.
[8] *vide* note in page 82.
[9] *dû* is here for *devoir* ; it is an old law term.
[10] as to the duty of my office.
[11] immediately.

Les cent plus beaux louis de ce qui me demeure,
Et pouvoir, à plaisir, sur ce mufle asséner
Le plus grand coup de poing qui se puisse donner.[1]
 Cléante (bas, à Orgon). Laissez, ne gâtons rien.
 Damis.   A[2] cette audace étrange
J'ai peine *à me tenir,*[3] et *la main me démange.*[4]
 Dorine. Avec un si bon dos, ma foi, Monsieur Loyal,
Quelques coups de bâton *ne vous siéraient pas mal.*[5]
 M. Loyal. On pourrait bien punir ces paroles infâmes,
Ma mie; et *l'on décrète*[6] aussi contre les femmes.
 Cléante (à M. Loyal). Finissons tout cela, monsieur;
  c'en est assez.
Donnez tôt ce papier, de grâce, et nous laissez.
 M. Loyal. Jusqu'au revoir. Le ciel vous tienne tous
  en joie !
 Orgon. Puisse-t-il te confondre, et celui qui t'envoie !

SCÈNE V.

ORGON, MADAME PERNELLE, ELMIRE, CLÉANTE,
MARIANE, DAMIS, DORINE.

 Orgon. Hé bien ! vous le voyez, ma mère, *si j'ai droit;*[7]
Et vous pouvez juger du reste par l'exploit.
Ses trahisons enfin vous sont-elles connues ?
 Madame Pernelle. Je suis tout ébaubie, et je tombe des
  nues ![8]

---

[1] for the power and pleasure of striking a good heavy blow with my fist upon that snout.
[2] *Vide* note in page 90.
[3] to contain myself.
[4] my fingers itch.
[5] would be just the thing for you.
[6] warrants are issued.
[7] whether I am right.
[8] *Je tombe des nues.* This expression, to fall from the clouds, is used to signify any sudden surprise, "I am in a state of utter astonishment."

Dorine (*à Orgon*). Vous vous plaignez à tort, à tort
  vous le blâmez,
Et ses pieux desseins par là sont confirmés.
Dans l'amour du prochain sa vertu se consomme :[1]
Il sait que très-souvent les biens corrompent l'homme,
Et, par charité pure, il veut vous enlever
Tout ce qui vous peut faire obstacle *à vous sauver.*[2]
  Orgon. Taisez-vous. *C'est le mot*[3] qu'il vous faut
  toujours dire.
  Cléante (*à Orgon*). Allons voir quel conseil on doit
  vous faire élire.
  Elmire. Allez faire éclater l'audace de l'ingrat.
Ce procédé détruit la vertu du contrat ;
Et sa déloyauté va paraître trop noire,
Pour souffrir qu'il en ait le succès qu'on veut croire.

SCÈNE VI.

ARGUMENT.

The crisis has now arrived; the hypocrite's villany seems on the point of being consummated. The arrival of Valère to inform Orgon that Tartuffe has been to impeach him before the king, into whose hands he has committed the casket, carries anxiety to the highest pitch. Following Valère's advice, Orgon flies without delay.

**VALÈRE, ORGON, MADAME PERNELLE, ELMIRE, CLÉANTE,
MARIANE, DAMIS, DORINE.**

  Valère. Avec regret, monsieur, je viens vous affliger;
Mais je m'y vois contraint par le pressant danger.

---

[1] *Se consomme*, i.e. *éclate au plus haut degré.* Instead of this turn, which marks an action, it should be *est consommée*, which marks a state of being. It has the same sense in 'Ec d. Fem.' v. 4:—
  "Puisqu'en raisonnements votre
    esprit se consomme."
[2] to save your soul.
[3] this is what (viz. *taisez-vous*).

Un ami, qui m'est joint d'une amitié fort tendre,
Et qui sait l'intérêt qu'en vous j'ai lieu de prendre,
A violé pour moi par un pas délicat,
Le secret que l'on doit aux affaires d'État,
Et me vient d'envoyer un avis dont la *suite*[1]
Vous réduit au parti d'une soudaine fuite.
Le fourbe qui longtemps a pu vous imposer
Depuis une heure au prince a su vous accuser,
Et remettre en ses mains, dans les *traits*[2] qu'il vous
  jette,[3]
D'un criminel d'État l'importante cassette,
Dont, *au mépris*,[4] dit-il, du devoir d'un sujet,
Vous avez conservé le coupable secret.
J'ignore le détail du crime qu'*on vous donne*;[5]
Mais un ordre est donné contre votre personne;
Et lui-même est chargé, pour mieux l'exécuter,
D'accompagner celui qui vous doit arrêter.
 Cléante. Voilà ses droits armés; et *c'est par où*[6] le
  traitre
De vos biens qu'il prétend cherche à se rendre maître.
 Orgon. L'homme est, je vous l'avoue, un méchant
  animal!
 Valère. Le moindre *amusement*[7] vous peut être fatal.
J'ai, pour vous emmener, mon carrosse à la porte,
Avec mille louis qu'ici je vous apporte.
Ne perdons point de temps: le trait est foudroyant;
Et ce sont de ces coups que l'on pare en fuyant.
A vous mettre en lieu sûr je m'offre pour conduite,[8]
Et veux accompagner jusqu'au bout votre fuite.

---

[1] consequence.
[2] arrows.   [3] aims at.
[4] in contempt.
[5] is imputed to you, *qu'on vous impute*. It is the Lat. *dare cr men alicui*. Cf. *la réputation qu'on lui donne* in 'Crit. de l'École des Fem.' sc. 2.
[6] this is the way.
[7] delay.
[8] *Conduite*, put here for *guide*, is now out of use.

Orgon. Las! que ne dois-je point à vos soins obligeants!
Pour vous en rendre grâce, il faut un autre temps;
Et je demande au ciel de m'être assez propice
Pour reconnaitre un jour ce généreux service.
Adieu: prenez le soin, vous autres...

Cléante. Allez tôt;
Nous songerons, mon frère, à faire ce qu'il faut.

SCÈNE VII.

ARGUMENT TO SCENES VII. & VIII.

At the identical moment when Orgon is flying from the house, Tartuffe, accompanied by an officer, arrests him. Invectives are heaped upon the traitor with more or less rancour, according to the character of each individual. To these reproaches he pleads, in excuse, the interest of his king, and concludes by summoning the officer to do his duty; but, to the surprise and amazement of all, the officer arrests the impostor himself, and leads him away to prison. The king had, in the person of Tartuffe, recognized an old offender. Orgon, faithful to his character, which leads him always to extremes, gives way to new reproaches against the detected villain; but, being exhorted to moderation by his brother, he announces his intention of going to throw himself at the feet of the monarch, and afterwards requite the devotedness of Valère with the hand of Mariane.

TARTUFFE, *un Exempt*, MADAME PERNELLE, ORGON, ELMIRE, CLÉANTE, MARIANE, VALÈRE, DAMIS, DORINE.

Tartuffe (arrêtant Orgon). Tout beau,[1] monsieur, tout beau, ne courez point si vite:

[1] gently.

Vous n'irez pas fort loin pour trouver votre *gîte* ;[1]
Et, de la part du prince, on vous fait prisonnier.
   Orgon. Traître! tu me gardais ce trait pour le dernier :
C'est le coup, scélérat, par où tu m'*expédies* ;[2]
Et voilà couronner toutes tes perfidies.
   Tartuffe. Vos injures n'ont rien à me pouvoir aigrir ;
Et je suis, pour le ciel, appris à tout souffrir.
   Cléante. La modération est grande, je l'avoue.
   Damis. Comme du ciel l'infâme impudemment se joue !
   Tartuffe. Tous vos emportements ne sauraient m'émouvoir ;
Et je ne songe à rien qu'à faire mon devoir.
   Mariane. Vous avez de ceci grande gloire *à prétendre* ;[3]
Et cet emploi pour vous est fort honnête à prendre.
   Tartuffe. Un emploi ne saurait être que glorieux
Quand il part du pouvoir qui m'envoie en ces lieux.
   Orgon. Mais t'es-tu souvenu que ma main charitable,
Ingrat, t'a retiré d'un état misérable?
   Tartuffe. Oui, je sais quels secours j'en ai pu recevoir ;
Mais l'intérêt du prince est mon premier devoir.
De ce devoir sacré la juste violence
Étouffe[4] dans mon cœur toute reconnaissance ;
Et je sacrifierais à de si puissants *nœuds*[5]
Ami, femme, parents, et moi-même avec eux.
   Elmire. L'imposteur !
   Dorine.   Comme il sait, de traîtresse manière,
Se faire un beau manteau de tout ce qu'on révère !
   Cléante. Mais, s'il est si parfait que vous le déclarez,
Ce zèle qui vous pousse et dont vous vous parez,

---

[1] lodgings, from the old French verb *gésir*, "to lie." The ordinary beginning of epitaphs is *ci-gît*, e.g.:
     "Ci-gît ma femme. Ah! qu'elle est bien
      Pour son repos et pour le mien !"

[2] despatchest.   [3] to expect.   [4] stifles.   [5] bonds, ties.

D'où vient que, pour paraître, il s'avise d'attendre
Qu'à poursuivre sa femme il ait su vous surprendre,
Et que vous ne songez à l'aller dénoncer
Que lorsque son honneur l'oblige à vous chasser ?
Je ne vous parle point, pour devoir en distraire,
Du don de tout son bien qu'il venait de vous faire,[1]
Mais, le voulant traiter en coupable aujourd'hui,
Pourquoi consentiez-vous à rien prendre de lui ?

  Tartuffe (*à l'Exempt*). Délivrez-moi, monsieur, de la criaillerie ;
Et daignez accomplir votre ordre, je vous prie.[2]
  L'Exempt. Oui, c'est trop demeurer, sans doute, à l'accomplir ;
Votre bouche à propos m'invite à le remplir :
Et, pour l'exécuter, suivez-moi tout à l'heure
Dans la prison qu'on doit vous donner pour demeure.[3]
  Tartuffe. Qui ? moi, monsieur ?
  L'Exempt.   Oui, vous.
  Tartuffe.   Pourquoi donc la prison ?
  L'Exempt. Ce n'est pas vous à qui j'en veux rendre raison.

   (*à Orgon.*)

Remettez-vous,[4] monsieur, d'une alarme si chaude.
Nous vivons sous un prince ennemi de la fraude,
Un prince dont les yeux *se font jour dans*[5] les cœurs,
Et que ne peut tromper tout l'art des imposteurs.
D'un fin discernement sa grande âme pourvue

---

[1] I don't say that the making over to you lately of all his wealth should draw you from your duty.

[2] It is surely a moving sight to behold a family in deep affliction gathered round a man whose excessive goodness is so cruelly requited by a treacherous and ungrateful villain.

[3] This unexpected turn of events at once revives the spectator, whom the sad situation of the unhappy family could not but deeply affect ; it resembles the bright beams of the sun, which now appears in its full splendour, after a black and threatening cloud has just passed over it.

[4] recover yourself.

[5] penetrate into.

Sur les choses toujours jette une droite vue ;
Chez elle[1] jamais rien ne surprend trop d'accès,
Et sa ferme raison ne tombe en nul excès.
Il donne aux gens de bien une gloire immortelle ;
Mais sans aveuglement il fait briller ce zèle,
Et l'amour pour les vrais ne ferme point son cœur
A tout ce que les faux doivent donner d'horreur.
Celui-*ci n'était pas pour*[2] le pouvoir surprendre,
Et de piéges plus fins on le voit se défendre.
D'abord il a percé, *par ses vives clartés*,[3]
Des *replis*[4] de son cœur toutes les lâchetés.
Venant vous accuser, il s'est trahi lui-même,
Et, par un juste trait de l'équité suprême,
S'est découvert au prince un fourbe renommé,
Dont sous un autre nom il était informé ;
Et c'est un long détail d'actions toutes noires
Dont on pourrait former des volumes d'histoires.
Ce monarque, en un mot, a vers vous détesté
Sa lâche ingratitude et sa déloyauté ;
A ses autres horreurs il a joint cette suite,
Et ne m'a jusqu'ici soumis à sa conduite,
Que pour voir l'impudence aller jusques au bout,
Et *vous faire, par lui, faire raison*[5] de tout.
Oui, de tous vos papiers, dont il se dit le maître,
Il veut qu'entre vos mains je dépouille le traître.
D'un souverain pouvoir, il brise les liens
Du contrat qui lui fait un don de tous vos biens,
Et vous pardonne enfin cette offense secrète

---

[1] in his heart. This passage is called 'L'Éloge de Louis XIV,' and presents a glaring example of a confused grammatical composition. Its numerous inaccurate expressions, &c., have awakened a suspicion that the writing is not entirely Molière's. For a critique on the passage, *see* Genin's 'Lexique,' page 210.

[2] was not the man to.

[3] by his quick perception.

[4] recesses.

[5] to make him give you satisfaction.

Où[1] vous a d'un ami fait tomber la retraite ;
Et c'est le prix qu'il donne au zèle qu'autrefois
On vous vit témoigner en appuyant ses droits,
Pour montrer que son cœur sait, *quand moins on y pense,*[2]
D'une bonne action *verser*[3] la récompense ;
Que jamais le mérite avec lui ne perd rien ;
Et que, mieux que du mal, il se souvient du bien.

Dorine. Que le ciel soit loué !

Madame Pernelle. Maintenant je respire.

Elmire. Favorable succès !

Mariane. Qui l'aurait osé dire ?

Orgon (*à Tartuffe, que l'Exempt emmène*). Hé bien ! te voilà, traitre !...

SCÈNE VIII.

MADAME PERNELLE, ORGON, ELMIRE, MARIANE, CLÉANTE, VALÈRE, DAMIS, DORINE.

Cléante. Ah ! mon frère, arrêtez,
Et ne descendez point à des indignités.
A son mauvais destin laissez un misérable,
Et ne vous joignez point au remords qui l'accable.
Souhaitez bien plutôt que son cœur, en ce jour,
Au sein de la vertu fasse un heureux retour ;
Qu'il corrige sa vie en détestant son vice,
Et puisse du grand prince adoucir la justice ;
Tandis qu'à sa bonté vous irez, à genoux,
Rendre ce que demande un traitement si doux.

[1] into which. [2] when one least thinks it. [3] bestow.

Orgon. Oui, c'est bien dit. Allons à ses pieds avec
    joie
Nous louer des bontés que son cœur nous déploie :
Puis, *acquittés un peu*[1] de ce premier devoir,
Aux justes soins d'un autre il nous faudra pourvoir,
Et par un doux hymen couronner en Valère
La flamme d'un amant généreux et sincère.[2]

---

[1] having as far as we can acquitted ourselves.

[2] The remarks of Etienne, at the conclusion of his notice of 'Tartuffe' are worthy of observation: "Its colours, far from changing by time, will ever become more lively and more striking. It is not the piece of a season, nor that of a nation. It is a picture at once the boldest and the most faithful, the most sad and the most sublime. It is the deepest study ever made by any man upon the miseries of his fellow-creatures."

FIN DU TARTUFFE, *Grace à Dieu!*

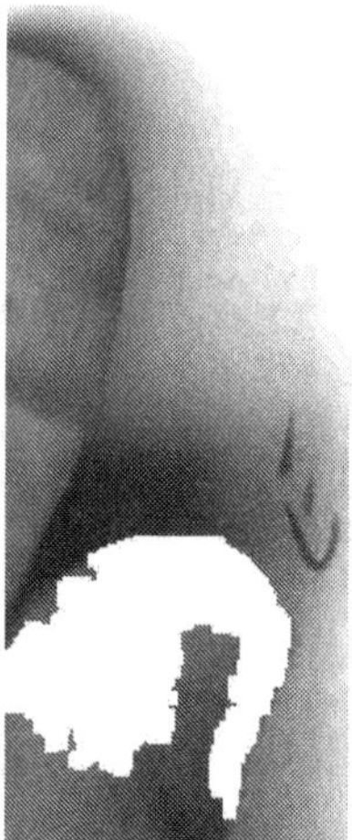

Milton Keynes UK
Ingram Content Group UK Ltd.
UKHW022357060923
428189UK00005B/81